어휘를 알아야 만점을 잡는다!

스토리텔링식 신교과서 학습을 위한

마법의 상위권 어휘

초등 3-2 단계

WISDOM HOUSE 마법스쿨

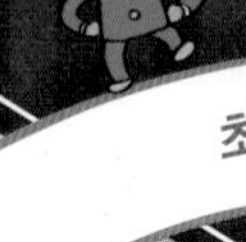

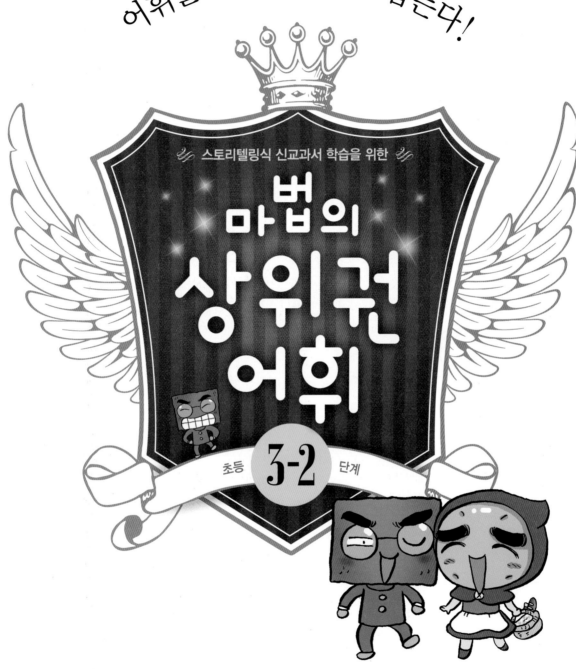

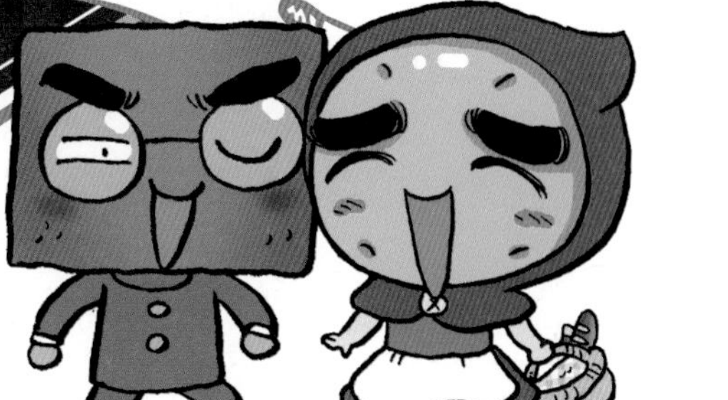

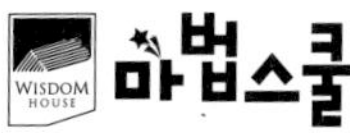

상위권이 되려면 어휘부터 잡아라!

학교 공부란 책을 읽고 그 속에 담긴 지식과 생각을 바르게 이해하고, 자기 생각을 말과 글을 통해 정확히 표현하는 것입니다. 그러므로 학교 공부는 다양한 내용의 어휘를 마음껏 부리어 사용하는 활동이라고 해도 지나친 말이 아닙니다. 학교 공부를 잘하려면 어휘력이 있어야 한다는 말은 그래서 나온 것입니다. 어휘력이 높은 학생이 그렇지 못한 학생보다 좋은 성적을 받고 있는 것은 실험을 통해서도 확인이 된 사실입니다.

어휘력을 키우기 위해서는 어휘 공부를 별도로 해야 합니다. 책을 많이 읽으면 일반 생활 어휘는 익힐 수 있습니다. 그러나 교과서에 나오는 학습 어휘, 예를 들어 축척 · 등고선 · 침식 · 퇴적과 같은 어휘는 동화책이나 인물 이야기에서는 배우기 어렵습니다. 이러한 학습 어휘는 학교 공부에서 중요한 역할을 하기 때문에 따로 배우지 않으면 안 됩니다. 〈마법의 상위권 어휘〉는 학습 어휘를 재미있게 배울 수 있도록 만든 좋은 어휘 교재입니다.

그런데 이러한 학습 어휘는 대부분 한자로 되어 있지요. 그래서 어휘 공부를 하려면 한자를 함께 배우지 않으면 안 됩니다. 문제는 한자 학습법이 아직도 '무조건 외워라' 하고 강요하는 방식이라는 점이지요. 하지만 이제는 바꿔야 합니다. 무조건 외우는 천자문식 학습법 대신, 이 책에서 소개하는 연상 암기법으로 한자를 익히면 쉽고 재미있게 한자를 익힐 수 있을 것입니다. 학습 어휘도 배우면서 초등 필수 한자도 익힐 수 있는 일석이조 학습은 〈마법의 상위권 어휘〉만의 자랑입니다.

박원길 전주 성심여고 교사
〈한자 암기 박사〉
〈국가대표 한자〉 저자.
〈마법의 상위권 어휘〉 감수 위원.

상위권 도약의 비결, 바로 언어 사고력을 키워 주는 어휘 학습!

김명옥 한국학습저력개발원 원장
〈평생성적, 초등 4학년에 결정된다〉, 〈아이의 장점에 집중하라〉 저자, 〈마법의 상위권 어휘〉 기획 자문 위원.

상담을 위해 저를 찾은 학부모님들 중에는 이런 말씀을 하시는 분들이 참 많습니다. 1, 2학년 때만 해도 상위권을 유지하던 아이인데, 학년이 올라가니까 성적이 떨어지고, 공부도 싫어한다는 겁니다. 이런 아이들을 살펴보면, 학습지나 문제집에서 많이 보았던 문제는 잘 풀지만, 조금만 낯선 유형의 문제가 나와도 당황하여 포기하고 말지요. 학년이 올라갈수록 공부는 점점 더 어려워집니다. 어려운 개념도 많이 등장하고, 응용력과 사고력을 요구하는 다양한 유형의 문제들이 많이 나옵니다. 하지만 단순 반복적인 학습지, 그대로 떠먹여 주는 공부법에 익숙해지면, 시험 문제를 풀 때도 머리로 생각하기보다 습관처럼 손이 먼저 움직이기 마련입니다. 당연히 낯선 지문, 낯선 유형의 문제에는 손이 가지 않겠지요.

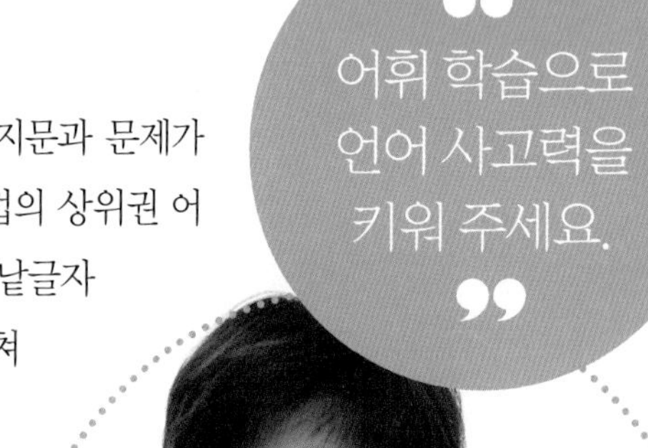

이 세상의 지문과 문제를 모두 풀어 볼 수는 없습니다. 그래서 새로운 지문과 문제가 나왔을 때 배우지 않고도 짐작할 수 있는 추론 능력이 필요합니다. 〈마법의 상위권 어휘〉에서는 지문을 읽으면서 어휘의 뜻을 유추하는 훈련을 하고, 어휘를 낱글자별로 뜯어서 분석하는 훈련을 합니다. 이러한 유추와 분석의 과정을 거쳐서 자연스럽게 추론 능력이 생기게 되지요. 이는 오랜 현장 경험을 통해 효과를 검증받은 학습법이기도 합니다. 또 모든 과정이 재미있게 진행되므로 아이들이 싫증 내지 않고 공부할 수 있습니다.

〈마법의 상위권 어휘〉는 상위권 도약을 꿈꾸는 아이들과 학부모들을 위해 마련된 프로그램입니다. 이 책을 만나는 모든 어린이들이 뛰어난 어휘력과 추론 능력을 갖추고 상위권으로 도약하는 기쁨을 맛보기 바랍니다.

언어 사고력을 키우는 VIVA 학습법을 공개합니다!

상위권으로 가는 마법의 학습법

Vision 상상

재미있는 이야기 속에서 어휘의 뜻을 상상합니다.

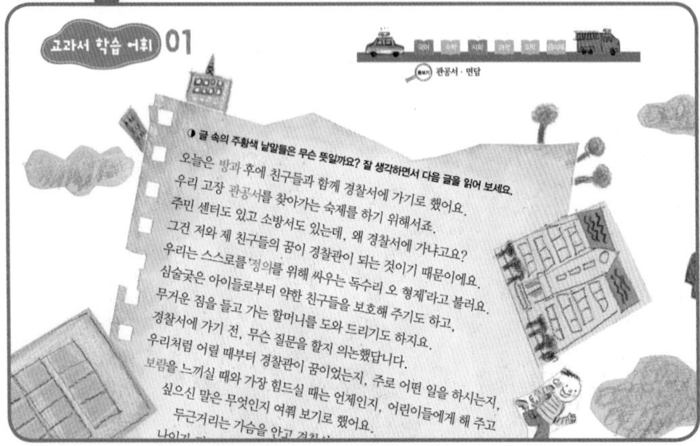

이야기로 익힌다!

- 재미있는 이야기로 공부 부담을 줄입니다.
- 이야기 속에서 어휘의 뜻을 상상하며 유추의 힘을 키웁니다.
- 이야기 속에서 상상한 뜻을 맛보기 문제를 풀며 확인합니다.

Insight 통찰

낱글자 풀이를 보며 어휘의 구성 원리를 터득합니다.

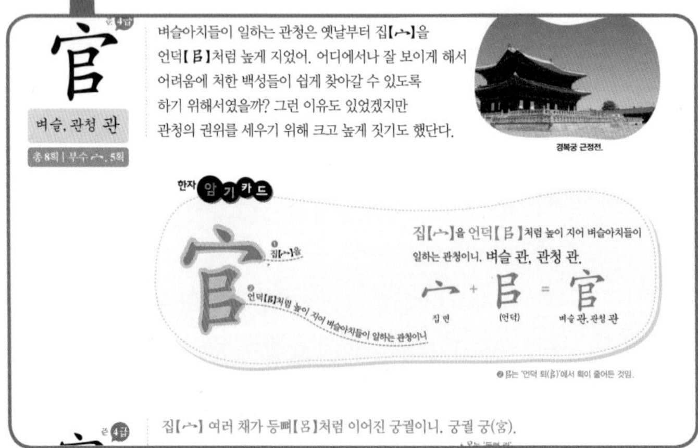

저절로 외워진다!

- 초등학교 학습 어휘의 90퍼센트 이상은 한자 어휘이며, 한자 어휘는 한자가 둘 이상 모인 복합어입니다.
- 어휘 속에 들어 있는 한자의 뜻만 알아도 어휘 뜻이 술술 풀립니다. 낱글자 풀이를 보며 어휘의 뜻을 파악하면서, 어휘의 구성 원리도 터득합니다.
- 한자 학습서의 베스트셀러 〈한자 암기박사〉의 학습법을 적용, 이야기를 읽다 보면 한자가 저절로 외워집니다.

"엄마를 놀라게 하는 학습지!"

Variety 확장

하나를 알면 열을 알듯이, 중심 어휘와 관련된 어휘들을 꼬리에 꼬리를 물듯 배웁니다.

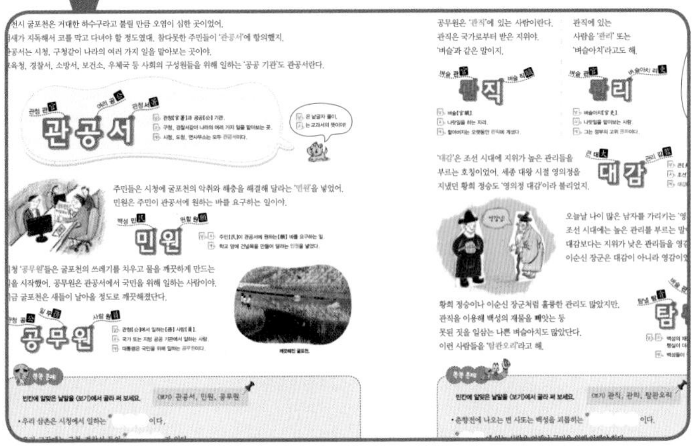

어휘가 꼬리를 문다!

- 같은 한자가 쓰인 여러 어휘들을 꼬리를 물고 배웁니다.
- 이미 배운 대표 어휘와 같은 주제의 여러 어휘들을 꼬리를 물고 배웁니다.

Application 

재미있는 게임형 문제로 어휘 활용 능력을 키웁니다.

재미있게 공부한다!

- 머리를 자극하는 게임형 문제를 풀다 보면 어휘력이 쑥쑥 자라납니다.
- 친근하고 재미있는 떡 캐릭터와 함께 공부의 즐거움을 느낄 수 있습니다.

마법의 상위권 어휘 무엇을 배울까요?

초등학교 3단계 학습 내용

3-1단계

호	교과서 학습 어휘		한자	연계교과
제 1 호	01	보릿고개	春(7급)	사회 / 과학
		초본	草(7급)	
	02	발전	電(7급)	
		복지	福(5급)	
제 2 호	01	전통	傳(5급)	음악 / 수학
		흥	興(준4급)	
	02	분수	母(8급)	
		계이름	階(4급)	
제 3 호	01	리터	容(준4급)	과학 / 도덕
		압력	水(8급)	
	02	녹조류	葉(5급)	
		공해	害(5급)	
제 4 호	01	예상	想(준4급)	국어 / 사회
		도구	具(5급)	
	02	물질	體(6급)	
		혼합물	混(4급)	

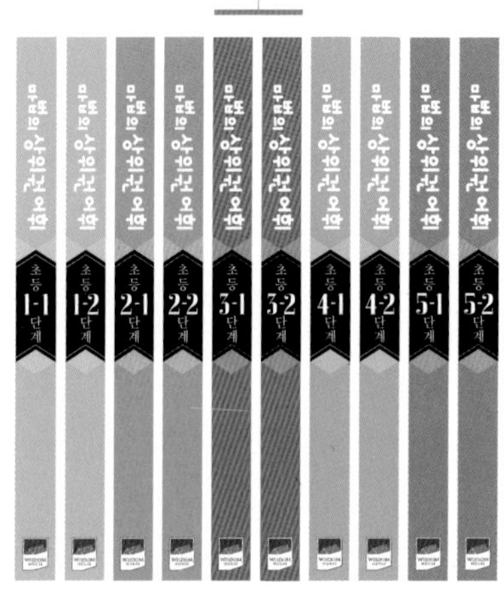

초등학교 3 단계 학습 내용

〈마법의 상위권 어휘〉는 전체 5단계 10권으로 구성되어 있습니다. 초등학교 3단계에서는 초등학교 중학년 어린이가 꼭 알아야 할 중요 어휘들을 공부할 수 있습니다.

3-2 단계

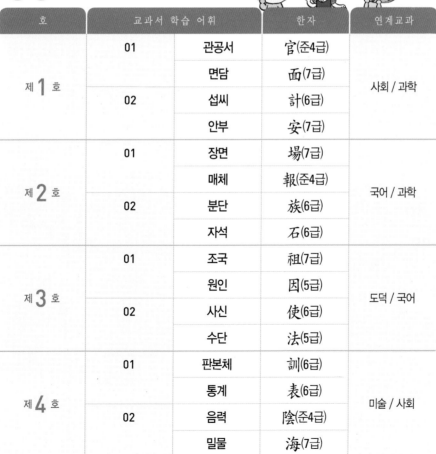

호	교과서 학습 어휘		한자	연계교과
제 1 호	01	관공서	官(준4급)	사회 / 과학
		면담	面(7급)	
	02	섭씨	計(6급)	
		안부	安(7급)	
제 2 호	01	장면	場(7급)	국어 / 과학
		매체	報(준4급)	
	02	분단	族(6급)	
		자석	石(6급)	
제 3 호	01	조국	祖(7급)	도덕 / 국어
		원인	因(5급)	
	02	사신	使(6급)	
		수단	法(5급)	
제 4 호	01	판본체	訓(6급)	미술 / 사회
		통계	表(6급)	
	02	음력	陰(준4급)	
		밀물	海(7급)	

마법의 상위권 어휘 이렇게 공부하세요!

지문 읽기

글을 읽으면서 주황색으로 된 낱말의 뜻은 무엇인지 머릿속에 그려 보세요. 낱말의 뜻은 글 속에서 익혀야 정확하게 알고 오래 기억할 수 있답니다.

맛보기

지문에 나온 주황색 낱말 중 하나를 골라 빈칸에 답을 써 보세요. 한 번만 써 보아도 어휘를 내 것으로 만드는 데 큰 도움이 됩니다.

돋보기

왼쪽 상단의 박스 속에 든 대표 어휘의 뜻을 먼저 익히세요. 한자와 낱글자 풀이를 꼼꼼히 읽으면 쉽게 뜻을 알 수 있어요.

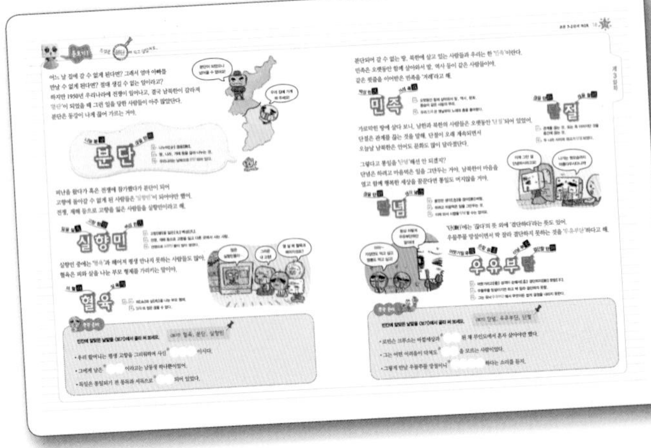

글을 따라 읽으며 확장 어휘에는 무엇이 있는지 익혀 보세요. 다 읽은 다음, 쏙쏙 문제를 풀면 머릿속에 어휘들이 쏙쏙 들어올 거예요.

한자가 술술

한자에 담긴 글자 원리를 읽고, 암기카드 속 문장을 노래하듯 외우며 빈칸을 채우고 한자도 써 보세요.

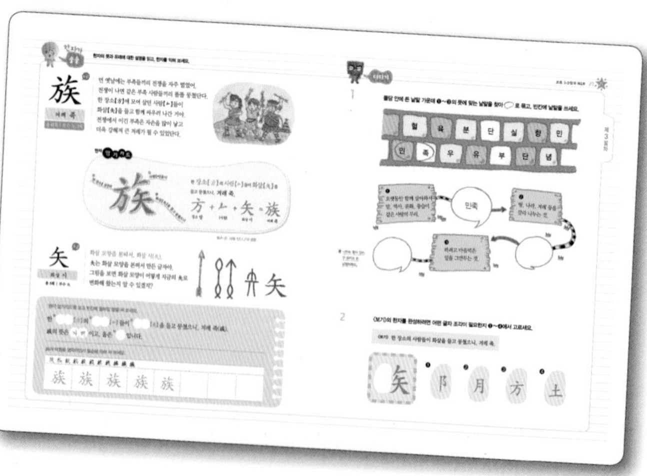

다지기

공부한 내용을 기억하기 쉽도록 재미있는 문제로 만들었어요. 실력도 다지고, 재미있게 학습을 마무리해요.

● 각 호는 1주일, 각 권은 1개월 단위의 학습량으로 구성되어 있습니다. 일주일에 한 호씩, 한 달이면 나도 상위권 어휘력을 가질 수 있어요.

도전! 어휘왕

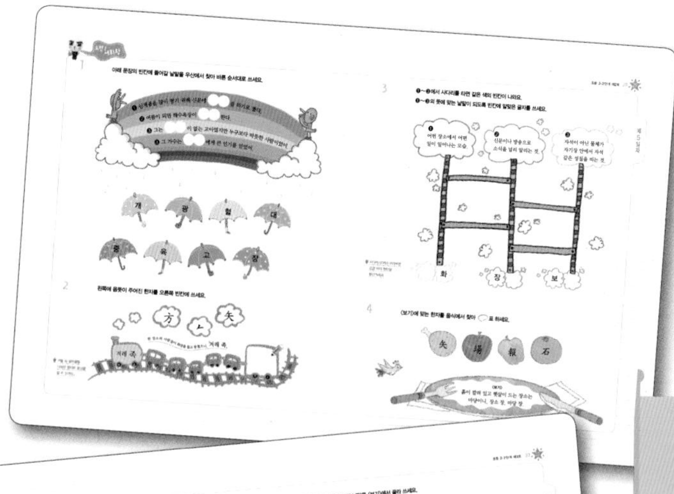

재미있는 게임형 문제를 풀며 어휘력을 키울 수 있어요.
사다리, 미로, 색칠하기, 선긋기 등 다양한 활동으로 재미있게 공부해 봐요.

평가 문제

학교 시험 문제와 유사한 유형의 문제를 풀어 볼 차례입니다.
어휘력으로 학교 공부를 잡는다는 말, 여기에서 실감해 보세요!

어휘랑 놀자!

01

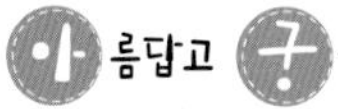

아름답고 궁금한 우리말 이야기

02

비슷해서 틀리기 쉬운 말 비교해서 틀리지 말자

03

외래어로 배우는 워(word)드 라고요!

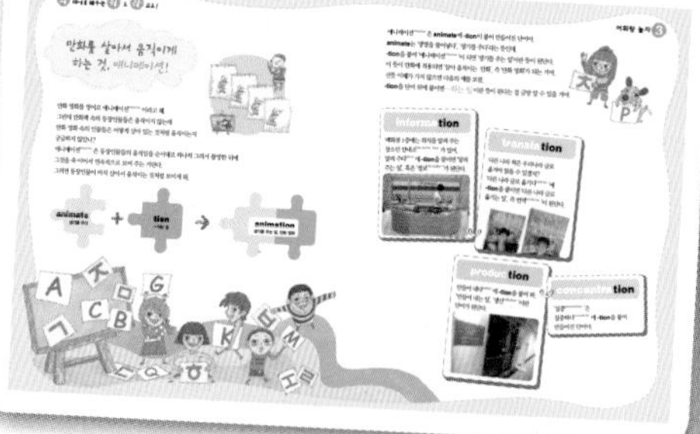

교과서에 나오는 순우리말과 속담, 관용어를 만화로 재미있게 익혀 보세요.

또래 친구들이 실제로 쓴 글을 보고 틀리기 쉬운 말을 바르게 구분하여 익혀 보세요.

교과서에 나오는 외래어를 이용, 초등학교에서 꼭 알아야 할 영단어를 익혀 보세요.

주요 등장인물 소개

마법의 상위권 어휘 떡 친구들을 소개합니다!

애들아, 안녕?

반가워.
나는 쑥을 넣어 만든
말랑말랑한 떡이야.
향긋

얘는 내가 기르는 개,
떡구 !

개떡이라 개가
잘 따르는구나.

내 이름은 쑥개떡,
가끔 개떡이라고도 불러.

나는 꿀물을 가득 담고 있는

내 코에선 맛있는 꿀물이 나오지.
내가 꿀차 한잔 타 줄까?
팽

달콤한 꿀물이 먹고 싶다면
언제든 내게 말하라고.
어허~
좋다!!
벌컥
벌컥

어휴, 더럽게 콧물이 뭐야?!
백설기 공주!

안녕, 나는 백설기 떡이야.
흰 피부에 큰 눈,
정말 백설 공주같이 예쁘지?
얼굴이 네모인데,
네모 공주가
더 맞는 말이겠어.

네모는 사각형으로,
종류로는 정사각형, 직사각형,
사다리꼴 등등이 있는데,
네모라고
하지 말랬지!!

그렇다면 백설기 공주님은
직사각형 공주님?

흥, 시루떡 너야말로
사각에다 피부도 안 좋잖아!

무슨 소리, 이게 얼마나
몸에 좋고 맛좋은 팥고물인데,
한번 드셔 보실래요?
꺅!
됐거든!!
탁!
벅벅

어허, 먹는 걸 그렇게
함부로 버리는 게 아니지!
그럼,
그럼!
쑥떡 할아버지,
인절미 할머니!

시루떡이 얼마나 잘생기고
맛좋은 떡인지
아는 사람은 다 안다니까!
인절미 할머니!

역시 제겐 인절미 할머니밖에
없어요!!
흐억!
후닥~

잠깐!
네 팥고물이 묻으면
지저분해지니까
좀 떨어져 있으라고.
지저분?

킁킁,
어디선가 매운 냄새가?
킁 킁

사랑해요!
가래떡!
완. 전. 소. 중
가래떡!
가
래

떡볶이 군!

모두들 여기서 뭐 하세요?
이제 곧 떡 광장에서
떡 가요제가 시작된다고요!
아, 맞다!

어서 가서 우리의 우상
가래떡 씨를
응원하자고요!!
짜 잔~
떡 가요제

우리는 노래하고~
춤을 추는 송편 3남매~

흰 송편엔
깨가~
분홍 송편엔
밤이~
나 쑥 송편엔 몸에 좋은
콩이 들어 있지~!!

네~ 신인 댄스 그룹,
'영떡스 클럽'의 무대였습니다.
와아아~

잘했다, 잘했어!!
절편 매니저님!

역시 애비인 나,
무지개떡을 닮아
노래와 춤이 끝내주는군!
여보, 애들이
자랑스러워요.
덩더쿵
쿵떡

이제 오랫동안 기다리시던
떡마을 최고 가수왕의
무대입니다.

국민 떡가수,
가래떡 씨입니다!
꺅
꺄아아~
꺅

꺄~
저 새하얀 피부!!
꺄~ 저 큰 키,
아니 머리!!
꺅~
꺄~

그녀를 처음 본 순간~
입이 떡 벌어졌지~
꺄아~

오오~내 사랑~
떡인 그녀여~

꺄~ 가래떡 짱!
한 번만
안아 줘요~

꺄
꺄
히이익
꺄
꺄

이상 앞으로 여러분들과 함께
상위권 어휘를 공부할 말랑말랑
떡마을 친구들이었습니다!
헉!
가래떡 씨
얼굴이?!
지저분~

초등 3-2 단계

어휘를 알아야 만점을 잡는다!

스토리텔링식 신교과서 학습을 위한

마법의 상위권 어휘

제 1 호

어휘가 쑥쑥 자라요.

부모님과 선생님께서는 이렇게 지도해 주세요

제 1 일차	제 2 일차	제 3 일차	제 4 일차	제 5 일차
관공서로 면담하러 가는 이야기를 읽고, 대표 어휘 '관공서'와 한자 '官'을 익힙니다. '관공서'에서 확장된 여러 낱말의 뜻을 스스로 추론해 보도록 지도해 주세요.	대표 어휘 '면담'의 뜻과 한자 '面'을 익히고, 관계있는 낱말도 함께 익힙니다. 다지기 문제를 풀어 보고, '백문이 불여일견'이라는 표현도 익히도록 해 주세요.	동해에서 이사 가야 했던 명태 이야기를 읽고, 대표 어휘 '섭씨'와 한자 '計'를 익힙니다. '섭씨'에서 확장된 여러 낱말의 뜻을 스스로 추론해 보도록 지도해 주세요.	대표 어휘 '안부'의 뜻과 한자 '安'을 익히고, 관계있는 낱말도 함께 익힙니다. 다지기 문제를 풀어 보고, '드러내다'와 '들어내다'를 구별하여 쓰도록 해 주세요.	재미있는 게임 문제와 학교 시험 유형의 평가 문제를 풀며 어휘 실력을 다집니다. '스테인리스(stainless)'와 구성 원리가 비슷한 영어 단어들도 함께 익히도록 해 주세요.

이런 내용을 배워요!

오늘은 경찰관 아저씨를 면담하러 갈 거예요.
관공서를 찾아가는 숙제를 하기 위해서죠.
함께 가기로 한 친구들과 멋진 질문도 준비했어요.
과연 아저씨는 우리를 반가워하실까요?

어휘랑 놀자 1

아름답고 궁금한 우리말 이야기

백문이 불여일견

제 1 일차

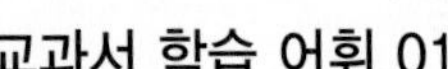

교과서 학습 어휘 01

맛보기

돋보기1

한자가 술술

다지기

관공서

민원 공무원 관직
관리 대감 탐관오리

官

宮

제 2 일차

돋보기2

한자가 술술

다지기

면담

초면 면회
면목 면박 면적

面

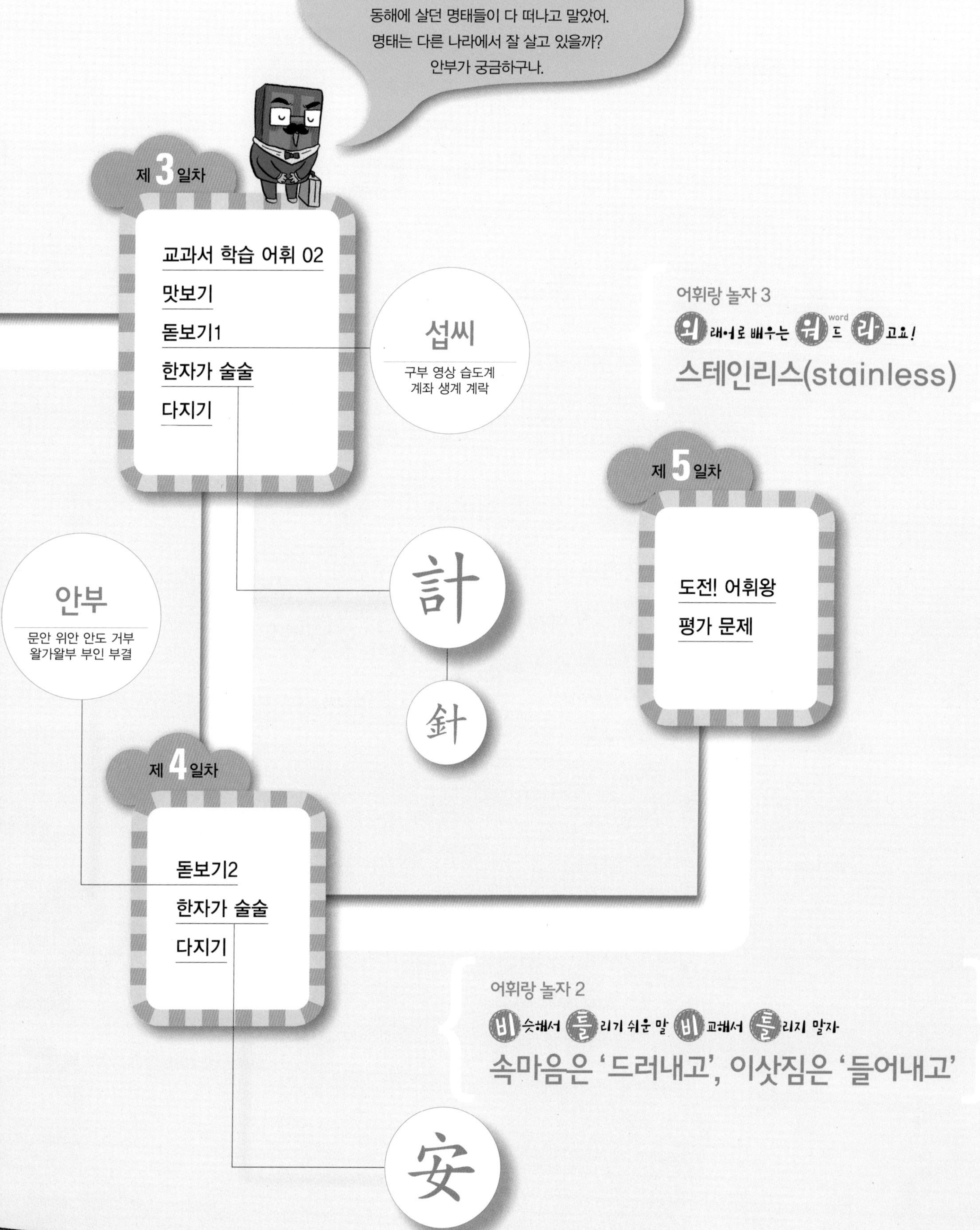
명태는 섭씨 10~12도의 바다에서 사는 물고기래.
그런데 우리나라 주변 바다의 온도가 높아지는 바람에
동해에 살던 명태들이 다 떠나고 말았어.
명태는 다른 나라에서 잘 살고 있을까?
안부가 궁금하구나.
제 3 일차
교과서 학습 어휘 02
맛보기
돋보기1
한자가 술술
다지기
섭씨
구부 영상 습도계
계좌 생계 계략
計
針
안부
문안 위안 안도 거부
왈가왈부 부인 부결
제 4 일차
돋보기2
한자가 술술
다지기
安
어휘랑 놀자 3
외래어로 배우는 워드(word) 라고요!
스테인리스(stainless)
제 5 일차
도전! 어휘왕
평가 문제
어휘랑 놀자 2
비슷해서 틀리기 쉬운 말 비교해서 틀리지 말자
속마음은 '드러내고', 이삿짐은 '들어내고'

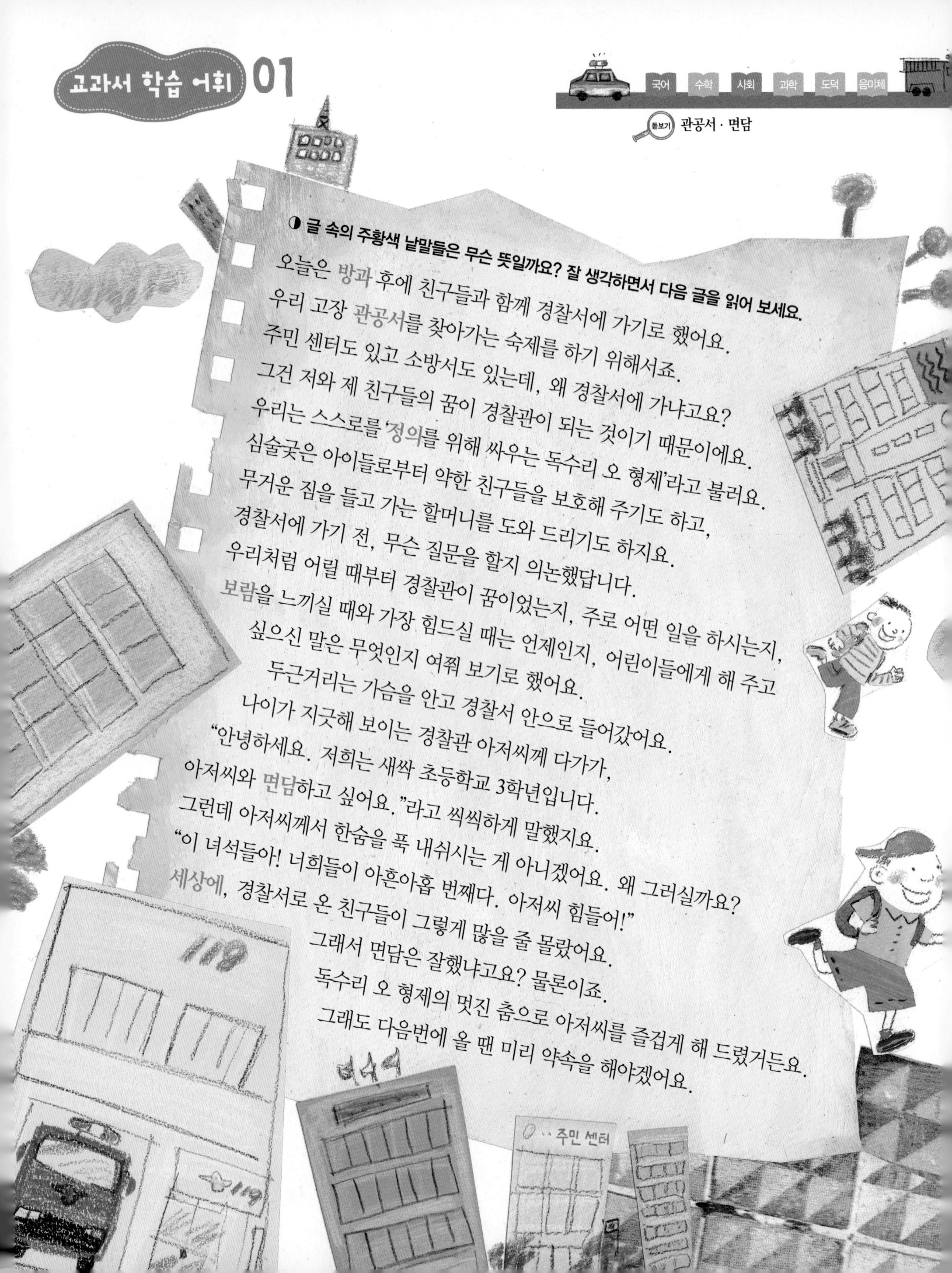

◑ 글 속의 주황색 낱말들은 무슨 뜻일까요? 잘 생각하면서 다음 글을 읽어 보세요.

오늘은 방과 후에 친구들과 함께 경찰서에 가기로 했어요.
우리 고장 관공서를 찾아가는 숙제를 하기 위해서죠.
주민 센터도 있고 소방서도 있는데, 왜 경찰서에 가냐고요?
그건 저와 제 친구들의 꿈이 경찰관이 되는 것이기 때문이에요.
우리는 스스로를 '정의를 위해 싸우는 독수리 오 형제'라고 불러요.
심술궂은 아이들로부터 약한 친구들을 보호해 주기도 하고,
무거운 짐을 들고 가는 할머니를 도와 드리기도 하지요.
경찰서에 가기 전, 무슨 질문을 할지 의논했답니다.
우리처럼 어릴 때부터 경찰관이 꿈이었는지, 주로 어떤 일을 하시는지,
보람을 느끼실 때와 가장 힘드실 때는 언제인지, 어린이들에게 해 주고
싶으신 말은 무엇인지 여쭤 보기로 했어요.
두근거리는 가슴을 안고 경찰서 안으로 들어갔어요.
나이가 지긋해 보이는 경찰관 아저씨께 다가가,
"안녕하세요. 저희는 새싹 초등학교 3학년입니다.
아저씨와 면담하고 싶어요."라고 씩씩하게 말했지요.
그런데 아저씨께서 한숨을 푹 내쉬시는 게 아니겠어요. 왜 그러실까요?
"이 녀석들아! 너희들이 아흔아홉 번째다. 아저씨 힘들어!"
세상에, 경찰서로 온 친구들이 그렇게 많을 줄 몰랐어요.
그래서 면담은 잘했냐고요? 물론이죠.
독수리 오 형제의 멋진 춤으로 아저씨를 즐겁게 해 드렸거든요.
그래도 다음번에 올 땐 미리 약속을 해야겠어요.

◑ 빈칸에 알맞은 낱말을 왼쪽 글의 주황색 낱말 중에서 찾아 써 보세요.
잘 모를 땐 💡를 보거나, ❶~❸에서 골라 쓰세요.

1 우리 삼촌은 소방관이라는 직업에 큰 보람 을 느끼신다.

💡 어떤 일을 한 뒤에 얻는 좋은 결과나 느낌이에요.

❶ 보람 ❷ 보약 ❸ 보쌈

2 오늘 학부모 ______ 때문에 엄마가 학교에 오셨다.

💡 서로 만나서 이야기를 나누는 것이에요.

❶ 면봉 ❷ 면발 ❸ 면담

3 ______, 네 살짜리 꼬마가 곱셈구구를 외다니!

💡 믿을 수 없을 만큼 뜻밖이거나 놀라울 때 하는 말이에요.

❶ 세탁기 ❷ 세상에 ❸ 세면대

4 ______ 후에 친구들과 축구를 했어요.

💡 학교에서 하루 공부를 모두 마치는 것을 말해요. 주로 '○○ 후'로 표현해요.

❶ 방울 ❷ 방과 ❸ 방귀

5 공휴일에는 ______ 가 문을 닫는다.

💡 구청, 경찰서, 우체국 같은 관청과 공공 기관을 함께 이르는 말이에요.

❶ 관공서 ❷ 교과서 ❸ 참고서

6 삼색 송편, ______ 를 위해 싸우다.

💡 옳고 바른 도리를 말해요. 반대말은 불의예요.

❶ 정오 ❷ 정지 ❸ 정의

인천시 굴포천은 거대한 하수구라고 불릴 만큼 오염이 심한 곳이었어.
냄새가 지독해서 코를 막고 다녀야 할 정도였대. 참다못한 주민들이 '관공서'에 항의했지.
관공서는 시청, 구청같이 나라의 여러 가지 일을 맡아보는 곳이야.
교육청, 경찰서, 소방서, 보건소, 우체국 등 사회의 구성원들을 위해 일하는 '공공 기관'도 관공서란다.

날 관청【官署】과 공공【公】 기관.
교 구청, 경찰서같이 나라의 여러 가지 일을 맡아보는 곳.
예 시청, 도청, 면사무소는 모두 관공서이다.

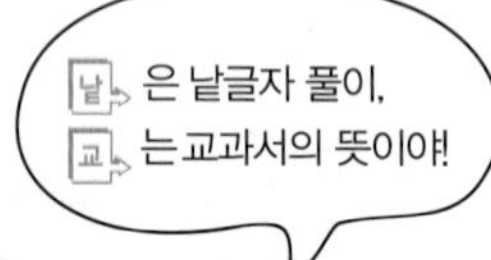

주민들은 시청에 굴포천의 악취와 해충을 해결해 달라는 '민원'을 넣었어.
민원은 주민이 관공서에 원하는 바를 요구하는 일이야.

원할 원願

날 교 주민【民】이 관공서에 원하는【願】 바를 요구하는 일.
예 학교 앞에 건널목을 만들어 달라는 민원을 넣었다.

시청 '공무원'들은 굴포천의 쓰레기를 치우고 물을 깨끗하게 만드는 일을 시작했어. 공무원은 관공서에서 국민을 위해 일하는 사람이야.
지금 굴포천은 새들이 날아올 정도로 깨끗해졌단다.

관청 공公 일 무務 사람 원員

날 관청【公】에서 일하는【務】 사람【員】.
교 국가 또는 지방 공공 기관에서 일하는 사람.
예 대통령은 국민을 위해 일하는 공무원이다.

깨끗해진 굴포천.

빈칸에 알맞은 낱말을 〈보기〉에서 골라 써 보세요.

〈보기〉 관공서, 민원, 공무원

- 우리 삼촌은 시청에서 일하는 ❶ (   )이다.
- 우리 고장에는 군청, 경찰서 등의 ❷ (   )가 있다.
- 구청에서는 ❸ (   )을 받아들여 공원을 만들기로 했다.

제1일차

공무원은 '관직'에 있는 사람이란다.
관직은 국가로부터 받은 지위야.
'벼슬'과 같은 말이지.

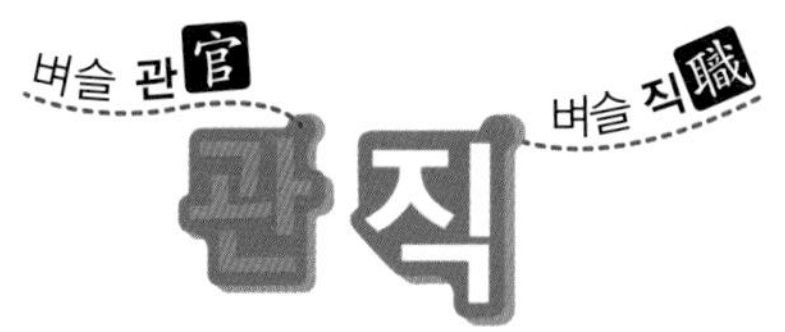

낱 벼슬【官職】.
교 나랏일을 하는 자리.
예 할아버지는 오랫동안 관직에 계셨다.

관직에 있는
사람을 '관리' 또는
'벼슬아치'라고도 해.

낱 벼슬아치【官吏】.
교 나랏일을 맡아보는 사람.
예 그는 정부의 고위 관리이다.

'대감'은 조선 시대에 지위가 높은 관리들을
부르는 호칭이었어. 세종 대왕 시절 영의정을
지냈던 황희 정승도 '영의정 대감'이라 불리었지.

낱 큰【大】 관리【監】.
교 조선 시대에 높은 벼슬아치를 이르던 말.
예 대감마님 납시오!

오늘날 나이 많은 남자를 가리키는 '영감'도
조선 시대에는 높은 관리를 부르는 말이었대.
대감보다는 지위가 낮은 관리들을 영감이라고 했어.
이순신 장군은 대감이 아니라 영감이었단다.

황희 정승이나 이순신 장군처럼 훌륭한 관리도 많았지만,
관직을 이용해 백성의 재물을 빼앗는 등
못된 짓을 일삼는 나쁜 벼슬아치도 많았단다.
이런 사람들을 '탐관오리'라고 해.

낱 교 백성의 재물을 탐내어【貪】 빼앗는 벼슬아치【官】로,
행실이 더러운【汚】 관리【吏】.
예 백성들이 힘을 합쳐 탐관오리를 몰아냈다.

빈칸에 알맞은 낱말을 〈보기〉에서 골라 써 보세요.

〈보기〉 관직, 관리, 탐관오리

- 춘향전에 나오는 변 사또는 백성을 괴롭히는 ❶ ( ) 이다.
- ❷ ( ) 에 있는 사람은 언제나 국민을 위해 일해야 한다.
- 장관은 나랏일을 책임지는 ❸ ( ) 이다.

한자가
술술

한자의 뜻과 유래에 대한 설명을 읽고, 한자를 익혀 보세요.

官

준4급

벼슬, 관청 관

총 8획 | 부수 宀, 5획

벼슬아치들이 일하는 관청은 옛날부터 집【宀】을 언덕【𠂤】처럼 높게 지었어. 어디에서나 잘 보이게 해서 어려움에 처한 백성들이 쉽게 찾아갈 수 있도록 하기 위해서였을까? 그런 이유도 있었겠지만 관청의 권위를 세우기 위해 크고 높게 짓기도 했단다.

경복궁 근정전.

한자 암기카드

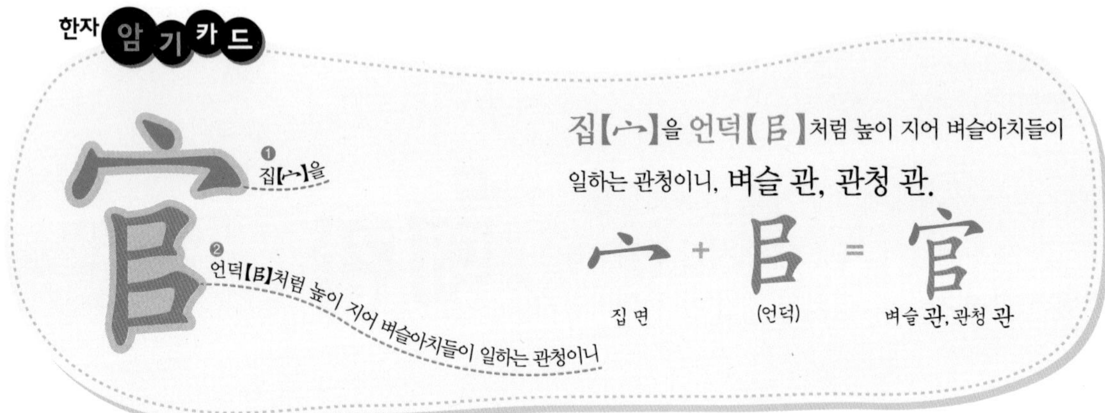

官
❶ 집【宀】을
❷ 언덕【𠂤】처럼 높이 지어 벼슬아치들이 일하는 관청이니

집【宀】을 언덕【𠂤】처럼 높이 지어 벼슬아치들이 일하는 관청이니, **벼슬 관, 관청 관.**

宀 + 𠂤 = 官

집 면 (언덕) 벼슬 관, 관청 관

❷ 𠂤는 '언덕 퇴(𠂤)'에서 획이 줄어든 것임.

宮

준4급

궁궐 궁

총 10획 | 부수 宀, 7획

집【宀】 여러 채가 등뼈【呂】처럼 이어진 궁궐이니, 궁궐 궁(宮).

* 呂는 '등뼈 려'.

'벼슬 관(官)'과 '궁궐 궁(宮)'은 아주 비슷하게 생긴 글자야.
자세히 비교해 보고 헷갈리지 않도록 해.
궁궐 안에는 집【宀】이 아주 많고, 그 집들이 서로 등뼈【呂】처럼 연결되어 있지.
그걸 보고 만든 글자가 '궁궐 궁(宮)'이야.

'한자 암기카드'를 보고 빈칸에 들어갈 말을 써 보세요.

❶ ( )【宀】을 ❷ ( )( )【𠂤】처럼 높이 지어 벼슬아치들이 일하는 관청이니, 벼슬 관, 관청 관(官).

官의 뜻은 벼슬, 관청 이고, 음은 ❸ ( ) 입니다.

官의 어원을 생각하면서 필순에 따라 써 보세요.

官	官	官	官	官			

1

❶~❹의 뜻을 가진 낱말이 되도록 거미 등의 빈칸에 알맞은 단어를 쓰세요.

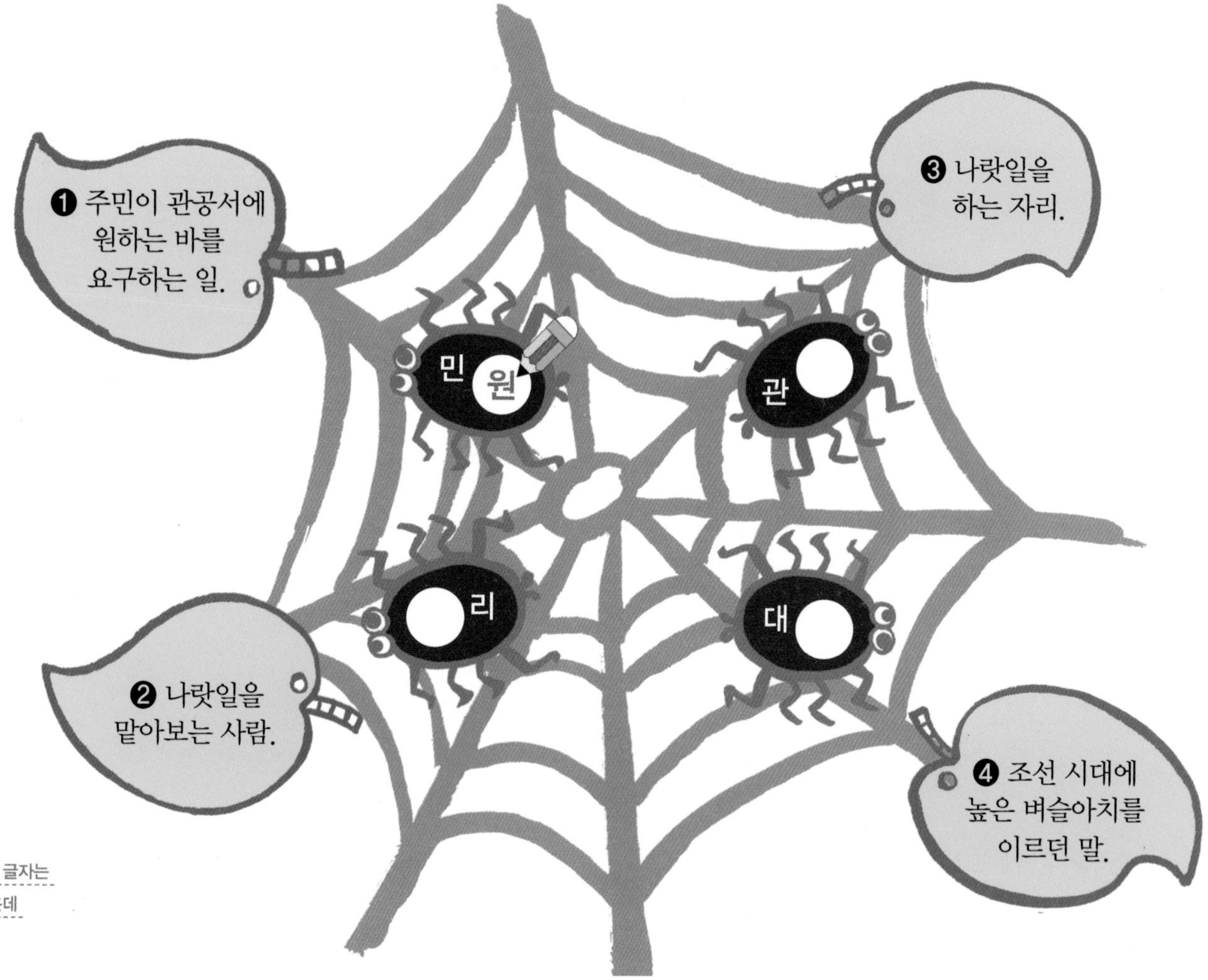

❶ 주민이 관공서에 원하는 바를 요구하는 일.

❸ 나랏일을 하는 자리.

민 원

관 ○

○ 리

대 ○

❷ 나랏일을 맡아보는 사람.

❹ 조선 시대에 높은 벼슬아치를 이르던 말.

빈칸에 들어갈 글자는 관, 직, 감 가운데 하나입니다.

2

〈보기〉에 맞는 한자를 찾아 ○표 하세요.

〈보기〉

집을 언덕처럼 높이 지어 벼슬아치들이 일하는 관청이니, 벼슬 관, 관청 관.

신인 가수 삼색 송편이 인기 가수 가래떡을 '면담'하러 왔어.
면담은 상대방과 직접 만나 이야기를 나누는 거야. 면담을 하면 궁금한 내용을 자세히 알 수 있고, 다른 사람의 의견이나 생각도 정확하게 알 수 있지.

낱 만나서【面】 말함【談】.
교 서로 만나서 이야기를 나누는 것.
예 환경 문제로 시장과 환경 단체 대표가 면담하였다.

쑥 송편이 '초면'에 가래떡에게 예의 없는 질문을 던지고 말았어.
처음 만나는 사이를 초면이라고 해.
분홍 송편과 흰 송편이 "초면에 실례가 많았습니다."라고 대신 사과했단다.

낱 처음【初】 만남【面】.
교 처음으로 마주하는 얼굴. 또는 처음 만나는 사이.
예 나는 그와 초면인데도 금방 친해졌다.

한편, 쑥개떡은 병원에 입원한 꿀떡을 '면회'하러 가는 길이야.
입원한 환자나 군대에 있는 군인처럼 밖으로 나올 수 없는 사람을 만나려면 면회를 가야 해.

낱 특정 장소에 모여서【會】 만남【面】.
교 군인, 죄수, 환자처럼 자유롭게 나다닐 수 없는 사람을 찾아가서 만나는 것.
예 병원에서는 정해진 시간에만 중환자를 면회할 수 있다.

병원에 있는 꿀떡에게 면회 가는 길이야.

쏙쏙 문제

빈칸에 알맞은 낱말을 〈보기〉에서 골라 써 보세요.

〈보기〉 면담, 초면, 면회

- 지난 토요일에 군대에 있는 삼촌을 ❶ ______하러 갔다.
- ❷ ______인데도 왠지 낯이 익어요.
- 선생님께서 우리 반 학생 모두와 차례로 ❸ ______하셨다.

서로 얼굴을 마주 봐야 만날 수 있지? 그래서 '면(面)'에는 '만나다'와 '얼굴'이라는 뜻이 있단다.

인절미 할머니와 쑥떡 할아버지가 퀴즈 대회에 나갔어.
할아버지가 마음대로 틀린 답을 써 버렸지. 할아버지는 '면목'이 없었어.
'면목 없다'는 부끄러워 남을 대할 용기가 없을 때 쓰는 표현이란다.
'얼굴을 들 수 없다'와 바꿔 쓸 수 있지.

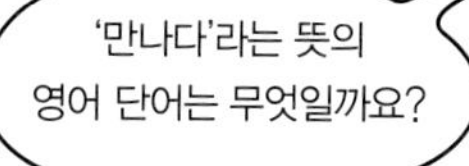

제 2 일차

얼굴 면面 눈 목目

낱 얼굴【面】과 눈【目】.
교 얼굴 생김새. 또는 남한테 얼굴을 들 수 있는 떳떳함이나 당당함.
예 너무 큰 실수를 저질러서 면목이 없어요.

우승 상품인 갈비를 놓쳐 속상한 할머니가 할아버지에게
'면박'을 주었어. 면박은 보는 앞에서 꾸짖어서 창피를 주는 걸 말해.
'면박을 주다', '면박을 당하다'라고 표현해.

'만나다'는 meet잖아!
meat(고기)라고
쓰는 바람에 갈비가
날아가 버렸어!

문제 하나
틀렸다고 이렇게
면박을 주나?

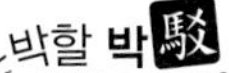

낱 얼굴【面】을 대하고 잘못된 점을 따짐【駁】.
교 잘못이나 실수를 대놓고 꾸짖어서 창피를 주는 것.
예 아무리 잘못했기로서니 그렇게 면박을 주다니!

'면(面)'에는 '표면'이란 뜻도 있어.
'면적'은 표면의 넓이야.
세계에서 국토 면적이 가장 넓은
나라는 러시아야.

표면 면面 쌓을 적積

교 표면의 넓이.
예 북한의 면적이 남한보다 넓다.

빈칸에 알맞은 낱말을 〈보기〉에서 골라 써 보세요.

〈보기〉 면목, 면박, 면적

- 형 방이 내 방보다 ❶ (   ) 이 넓다.
- 누나가 여태 곱셈구구를 못 외웠느냐며 ❷ (   ) 을 주었다.
- 약속을 지키지 못해 그를 대할 ❸ (   ) 이 없다.

한자의 뜻과 유래에 대한 설명을 읽고, 한자를 익혀 보세요.

面

7급

얼굴, 만날 면

총 9획 | 부수 面

눈을 보면 그 사람 마음을 알 수 있다고 해.
그래서 옛날 사람들은 눈을 강조하여 '얼굴 면(面)'이란 글자를 만들었어. 그러니까 누군가와 만날 때는 얼굴과 얼굴을 마주하고 눈을 쳐다보며 말해야겠지?

한자 암기카드

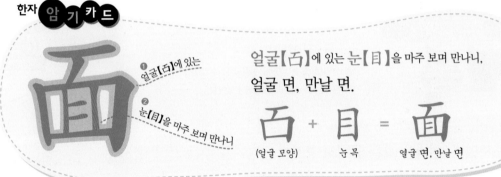

얼굴【𦣻】에 있는 눈【目】을 마주 보며 만나니,
얼굴 면, 만날 면.

𦣻 (얼굴 모양) + 目 (눈 목) = 面 (얼굴 면, 만날 면)

낱 쇠【鐵】로 만든 얼굴【面】 가죽【皮】.
교 염치없고 뻔뻔스러운 사람.
예 그렇게 뻔뻔한 철면피를 누가 좋아하겠어?

부끄러울 때는 얼굴이 빨개지지? 하지만
잘못을 저지르거나 남에게 폐를 끼치고도
얼굴색 하나 변하지 않는 뻔뻔한 사람들도 있어.
이런 사람들은 얼굴이 철판처럼 두껍다고 해서
'철면피'라고 불러.

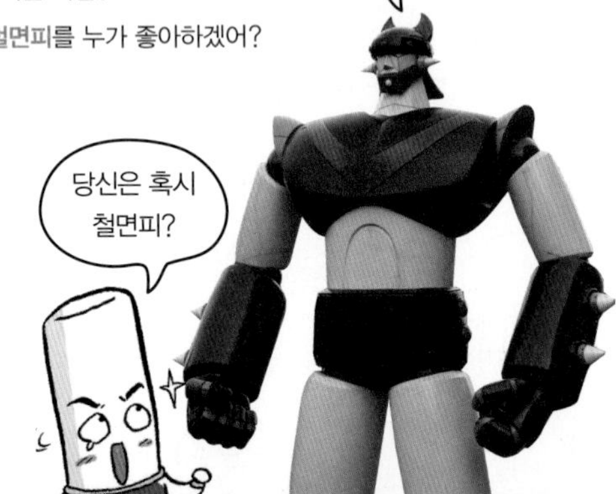

얼굴을 철로 만들긴 했지만, 철면피는 아니라고!
당신은 혹시 철면피?

'한자 암기카드'를 보고 빈칸에 들어갈 말을 써 보세요.

❶ ◯◯【𦣻】에 있는 ❷ ◯【目】을 마주 보며 만나니, 얼굴 면, 만날 면(面).

面의 뜻은 얼 굴, 만 나 다 이고, 음은 ❸ ◯ 입니다.

面의 어원을 생각하면서 필순에 따라 써 보세요.

面 面 面 面 面 面 面 面 面

面	面	面	面	面			

1 **자동차에서 ❶~❸으로 이어진 길을 따라가면 두 글자로 된 낱말이 완성됩니다. 그 낱말을 알맞은 뜻과 이으세요.**

면

❶ 박 ❷ 담 ❸ 적

- 잘못이나 실수를 대놓고 꾸짖어서 창피를 주는 것.
- 표면의 넓이.
- 서로 만나서 이야기를 나누는 것.

완성된 세 낱말은 면박, 면담, 면적입니다.

2 **面의 뜻을 가진 표지판에 색칠하세요.**

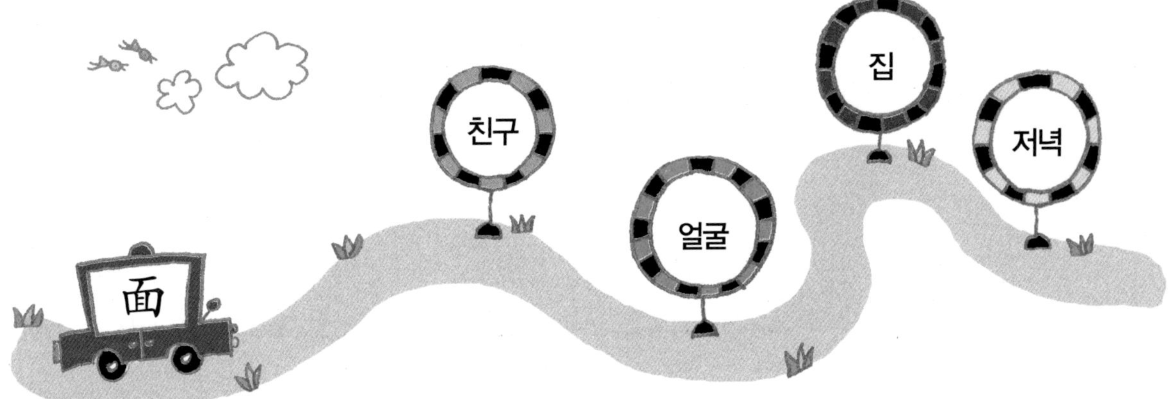

백문이 불여일견

정말 길다, 길어.

무슨 말씀이세요,
엄마?
아, 떡볶이야. 저 집에 새로
이사 온 사람 말이야. 글쎄
진짜 키가 크더라고.

키가 크다면
우리 아빠보다 더?
?
호리
호리~

그 정도가 아니야,
아빠보다 2배는 클걸!

음, 근데 키가
크다기보다 얼굴이
길다고 해야 하나?
쭈
욱

아니,
머리가 길다고
해야겠구나!

앗, 그렇다면 혹시 인기 가수
가래떡 씨가 이사 온 거예요?

아니, 가래떡은
흰색이지만 그 사람은
검은색이란다.
검은색?!

거기다
머리 꼭대기엔
오색찬란한
이상한 장식을
하고 있었지.

안 되겠어요.
'백문이 불여일견'이라고
직접 가서
봐야겠어요!
백문–
'백 번
듣는 것이',
불여일견–
'한 번 보는 것만
못하다'는 뜻이지.
百:일백 백
聞:들을 문
不:아니 불
如:같을 여
一:한 일
見:볼 견

즉, 남에게 듣는 것보다
직접 보는 게 확실하다는 말!!

떡볶이야,
어딜 가니?
앗, 우리 반의
삼각김밥!

저 집에 이상한
키다리 괴물이 이사 왔대서
보러 가는 거야.

우리 집 여기로
이사했어.
이분은 우리 아빠.
기, 김밥?!

돋보기 섭씨 · 안부

◑ 글 속의 주황색 낱말들은 무슨 뜻일까요? 잘 생각하면서 다음 글을 읽어 보세요.

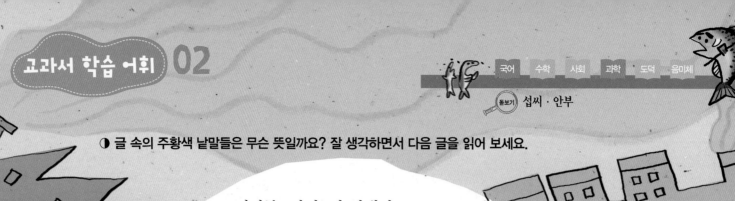

여러분, 안녕! 난 명태야.
눈이 크고 날씬한, 한마디로 잘생긴 물고기지.
옛날부터 한국 사람들은 나를 아주 좋아했어.
그래서인지 나에게 여러 가지 이름을 붙여 주었단다.
자연 그대로의 나를 부를 땐 생태, 얼리면 동태, 말리면 북어,
얼렸다 녹였다 반복해서 노랗게 말리면 황태, 새끼일 때는 노가리라고 말이야.
친구들은 내가 많은 이름을 가진 걸 무척이나 부러워했어.
이렇게 아무 걱정 없이 동해에서 행복하게 살았건만, 언젠가부터 나쁜 일이
벌어지기 시작했어. 우리 명태는 섭씨 10~12도의 바다에서만 살 수 있는데,
동해의 수온이 자꾸만 올라가는 거야.
그래도 태어나면서부터 동해에서 살아왔고, 친구들도 친척들도 모두
동해에 있으니까 더워서 숨이 턱턱 막혀 와도 참았어. 온도가 올라가자
찬물에서만 사는 미역, 다시마 같은 바닷말이 차츰 사라지면서 바닷속은
사막처럼 하얗게 변해 가더구나. 그러던 어느 날 박쥐처럼 생긴 보라문어,
1미터도 넘는 노랑가오리 등 못 보던 녀석들이 우리 영역에 들어왔어.
동해가 따뜻해졌다는 소식을 듣고 이사 온 거래. 결국 버티다 못한 우리 가족은
차가운 북쪽의 러시아 바다로 이사 갈 수밖에 없었어. 떠나던 날 아버지가 말씀하셨어.
이게 다 사람들 때문이라고. 공장, 자동차 등에서 나오는 이산화탄소가
지구를 두껍게 감싸서 지구 온도가 높아지고 바닷물 온도도 높아진 거래.
지금도 고향이 그리워서 눈물이 나. 뿔뿔이 흩어진
내 친구들은 잘 지내고 있을까?
친구들의 안부가 궁금해.

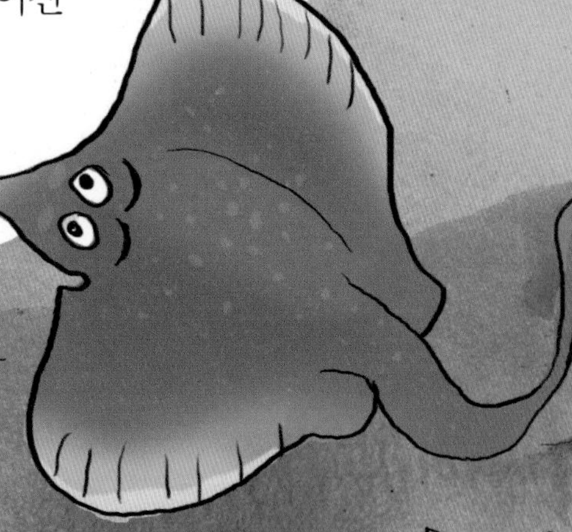

맛보기

◑ 빈칸에 알맞은 낱말을 왼쪽 글의 주황색 낱말 중에서 찾아 써 보세요.
잘 모를 땐 💡를 보거나, ❶~❸에서 골라 쓰세요.

1 미역, 다시마와 같은 바 닷 말 을 많이 먹으면 건강해진대요.

💡 바다 속에서 자라는 풀이에요. 해조류라고도 하지요.

❶ 얼룩말 ❷ 바닷말 ❸ 거짓말

2 개들은 자기 ( ) 을 표시하기 위해 오줌을 눈다.

💡 힘, 권리 따위가 미치는 테두리를 말해요.

❶ 영역 ❷ 영웅 ❸ 영국

3 오늘은 ( ) 30도가 넘는 아주 무더운 날씨야.

💡 물이 어는 온도를 0도, 끓는 온도를 100도로 하고 그 사이를 100등분한 온도 단위예요.

❶ 김씨 ❷ 섭씨 ❸ 박씨

4 콜라나 사이다 안에 들어 있는 공기 방울은 ( ) 랍니다.

💡 사람은 숨을 내쉴 때 이것이 나오고, 나무는 반대로 이것을 들이마셔요.

❶ 이어달리기 ❷ 이비인후과 ❸ 이산화탄소

5 삼촌은 할머니께 하루에 한 번씩 ( ) 전화를 한다.

💡 탈 없이 편안하게 잘 지내는지 아닌지 하는 소식. 또는 그것을 묻는 인사예요.

❶ 안경 ❷ 안약 ❸ 안부

6 여름이 되면 ( ) 이 올라간다.

💡 물의 온도를 가리키는 말이랍니다.

❶ 수염 ❷ 수건 ❸ 수온

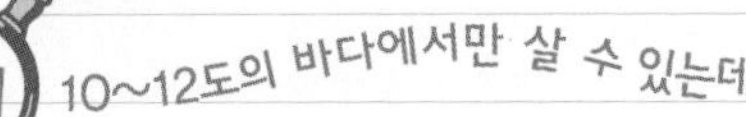

일기 예보를 할 때 "내일은 '섭씨' ○도이며……"라는 말을 들어 봤을 거야. 섭씨는 스웨덴의 과학자 셀시우스가 정한 온도의 단위래. 셀시우스는 물이 어는 온도를 0도, 끓는 온도를 100도로 하고 그 사이를 100등분했어. 중국 사람들이 셀시우스를 한자로 쓰면서 섭씨라고 했는데, 그게 그대로 우리나라에도 들어온 거야. 어때, 셀시우스와 섭씨가 비슷하게 들리니?

교 물이 어는 온도를 0도, 끓는 온도를 100도로 하고 그 사이를 100등분하여 나타내는 온도 단위. 기호는 ℃.

예 오늘은 섭씨 25도의 화창한 날씨다.

온도계를 보면 아래쪽에 조그만 공처럼 생긴 빨간 부분이 있지? 그것을 '구부'라고 해. 구부는 어떤 물체에 딸린 둥근 부분을 가리키는 말이야. 따뜻한 물 속에 온도계의 구부를 담그면 온도가 올라가는 걸 볼 수 있어.

낱 공【球】 모양으로 무리【部】지어 있는 곳.

교 어떤 물체에 딸린 둥근 부분.

예 온도계의 구부는 빨간색이다.

섭씨 0도를 기준으로 0도보다 높으면 '영상', 0도보다 낮으면 '영하'라고 해. 더운 여름에는 항상 기온이 영상이야. 하지만 겨울이 되어 기온이 영하로 떨어지면, 두꺼운 옷을 입고 장갑도 끼어야 하지.

낱 0(零)도보다 위【上】.

교 기온이 섭씨 0도보다 높은 것.

예 낮 최고 기온은 영상 35도입니다.

너무 더워!
영상 35도의 무더위가 일주일째야!

쏙쏙 문제

빈칸에 알맞은 낱말을 〈보기〉에서 골라 써 보세요.

〈보기〉 섭씨, 구부, 영상

- 온도를 잴 때는 온도계의 ❶ ______ 를 손으로 잡으면 안 돼.
- 열대 지방은 일 년 내내 기온이 ❷ ______ 이다.
- ❸ ______ 의 기호는 ℃이다.

온도계는 온도를 재는 기구야. 그럼 '습도계'는? 당연히 습도를 재는 기구겠지? 습도는 공기 중에 습기가 있는 정도를 퍼센트(%)로 나타낸 거야. 비가 오는 날은 습도가 아주 높단다.

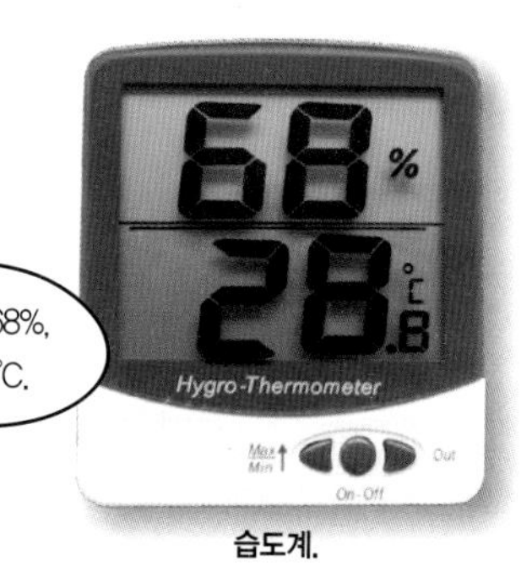

습도계.

낱 습한【濕】 정도【度】를 재는【計】 기구.
교 공기 중에 습기가 있는 정도를 재는 기구.
예 습도계를 보니 습도가 23%였다.

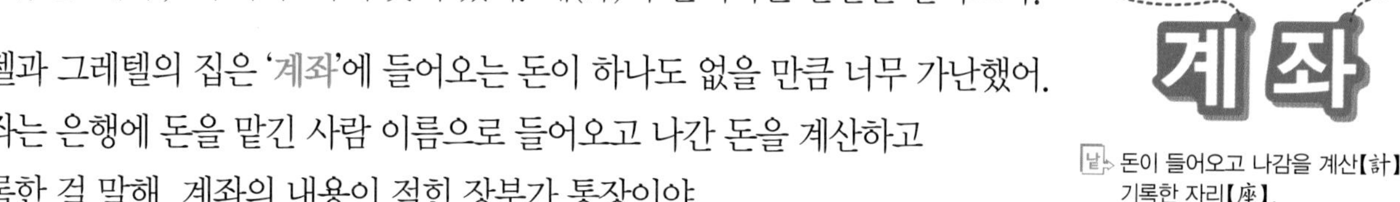

'계(計)'는 '세다', '꾀'의 두 가지 뜻이 있어. 계(計)가 들어가는 낱말을 알아보자.

셀 계計 자리 좌座
계좌

헨젤과 그레텔의 집은 '계좌'에 들어오는 돈이 하나도 없을 만큼 너무 가난했어. 계좌는 은행에 돈을 맡긴 사람 이름으로 들어오고 나간 돈을 계산하고 기록한 걸 말해. 계좌의 내용이 적힌 장부가 통장이야.

낱 돈이 들어오고 나감을 계산【計】하고 기록한 자리【座】.
교 은행 같은 데서 돈을 맡긴 사람의 이름으로 들어오고 나간 돈을 계산하고 기록한 것.
예 내 이름으로 된 예금 계좌를 만들었다.

헨젤과 그레텔의 집은 '생계'가 너무 어려워 굶는 날이 많았단다. 생계는 살림살이의 형편이나 살림을 살아 나갈 방법이야.

낱 살아【生】 나갈 방도【計】.
교 살림살이 형편. 또는 살림을 살아 나갈 방법.
예 할아버지는 생계가 어려워 학교에 다니지 못하셨다.

그러던 어느 날, 두 아이는 과자로 만든 집을 발견했어. 마녀가 아이들을 잡아먹을 '계략'으로 지은 집이었지. 계략은 남을 어려움에 빠뜨리려고 짜낸 꾀를 말해. 하지만 똑똑한 헨젤과 그레텔은 마녀를 물리치고 과자를 실컷 먹었단다.

교 남을 어려움에 빠뜨리려고 짜낸 꾀.
예 백설 공주는 그만 왕비의 계략에 빠지고 말았어요.

빈칸에 알맞은 낱말을 〈보기〉에서 골라 써 보세요.

〈보기〉 계좌, 생계, 계략

- 그들은 우리를 골탕 먹이기 위한 ❶ (   ) 을 짜고 있었다.
- 내 ❷ (   ) 에는 3만 원이 들어 있어.
- 할머니 혼자서 삯바느질로 ❸ (   ) 를 꾸려 오셨대.

한자의 뜻과 유래에 대한 설명을 읽고, 한자를 익혀 보세요.

計

6급

셀, 꾀 계

총 9획 | 부수 言, 2획

아주 어릴 때는 숫자를 전혀 모르다가 조금 크면
말【言】을 하게 되고, 하나부터 열【十】까지 셀 수 있게 된단다.
이렇게 숫자를 세게 되면 간단한 덧셈, 뺄셈과 같은 계산도 할 수 있게 돼.
그러면 숫자에 밝아져 꾀를 낼 수도 있게 되지.

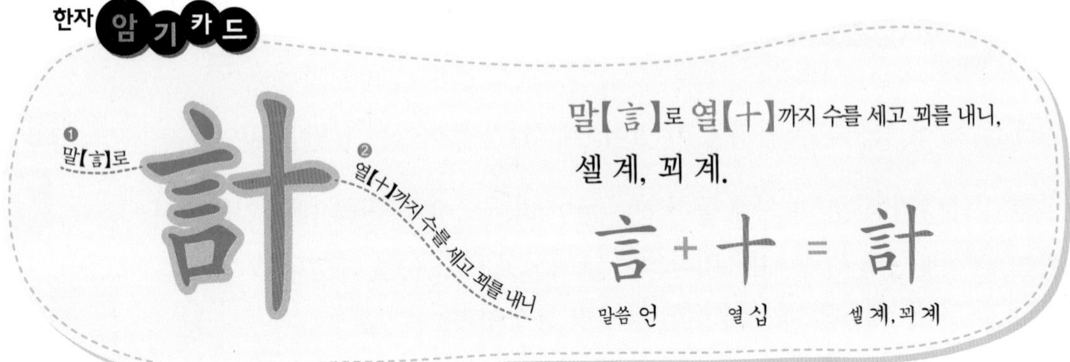

말【言】로 열【十】까지 수를 세고 꾀를 내니,
셀 계, 꾀 계.

言 + 十 = 計

말씀 언 　 열 십 　 셀 계, 꾀 계

針

4급

바늘 침

총 10획 | 부수 金, 2획

쇠【金】를 열【十】번 이상 많이 갈면 바늘이 되니, 바늘 침(針).
바늘은 옛날이나 지금이나 쇠【金】로 만들어.
쇠를 열【十】번 이상 갈고 또 갈면 바늘이 되지.
소나무, 잣나무 같은 '침엽수'는 잎이 바늘처럼 가늘고 뾰족하게 생긴 나무를 말해.

소나무 잎.

낱 바늘【針】처럼 생긴 잎【葉】을 가진 나무【樹】.
교 잎이 바늘처럼 가늘고 뾰족하게 생긴 나무.
예 소나무, 잣나무는 침엽수이다.

'한자 암기카드'를 보고 빈칸에 들어갈 말을 써 보세요.

① ( )【言】로 ② ( )【十】까지 수를 세고 꾀를 내니, 셀 계, 꾀 계(計).

計의 뜻은 (세 다), (꾀)이고, 음은 ③ ( )입니다.

計의 어원을 생각하면서 필순에 따라 써 보세요.

計 計 計 計 計 計 計 計 計

計	計	計	計	計			

다지기

1

❶~❸에서 사다리를 타면 같은 색의 빈칸이 나와요.
❶~❸의 뜻에 맞는 낱말이 되도록 빈칸에 알맞은 글자를 쓰세요.

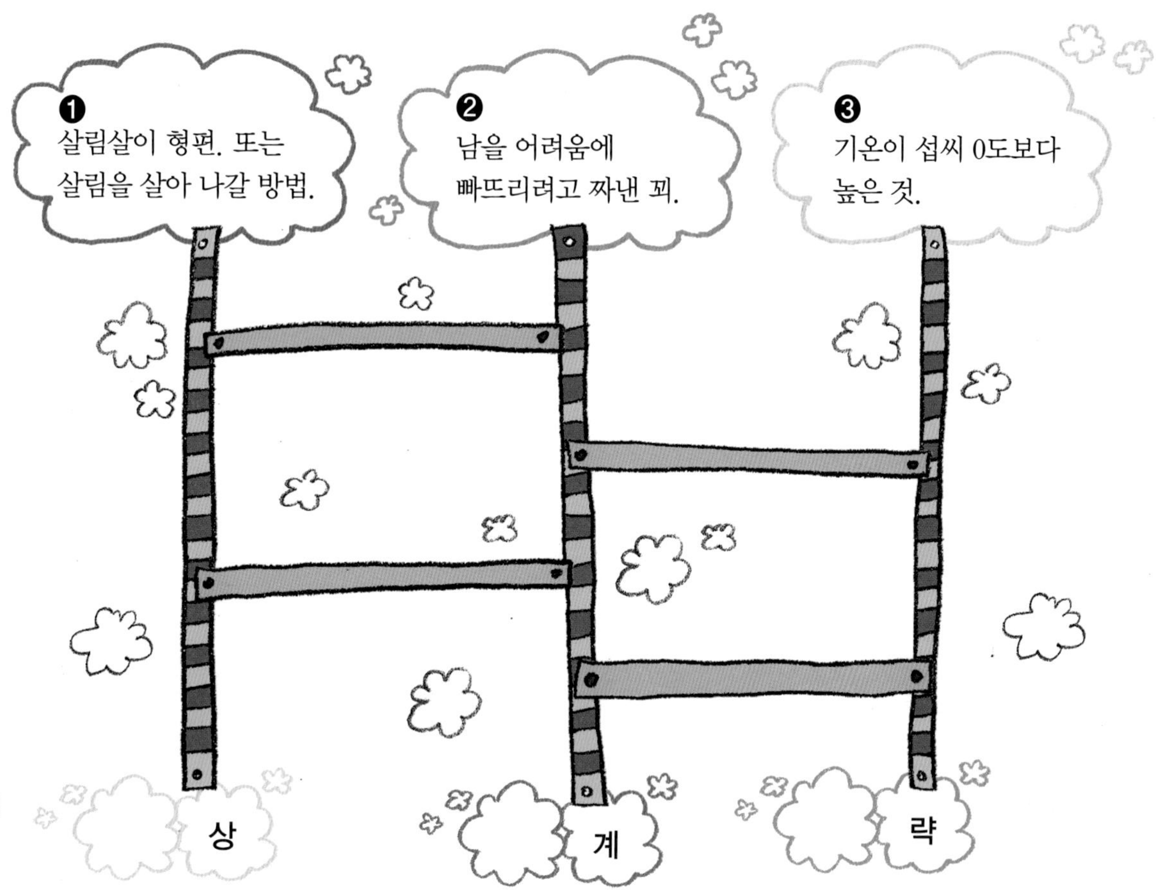
❶
살림살이 형편. 또는
살림을 살아 나갈 방법.
❷
남을 어려움에
빠뜨리려고 짜낸 꾀.
❸
기온이 섭씨 0도보다
높은 것.
상
계
략

사다리 타기가 어려우면 같은 색의 빈칸을 찾아가세요.

2

〈보기〉의 한자를 완성하려면 어떤 글자 조각이 필요한지 ❶~❹에서 고르세요.

〈보기〉 말로 열까지 수를 세고 꾀를 내니, 셀 계, 꾀 계.

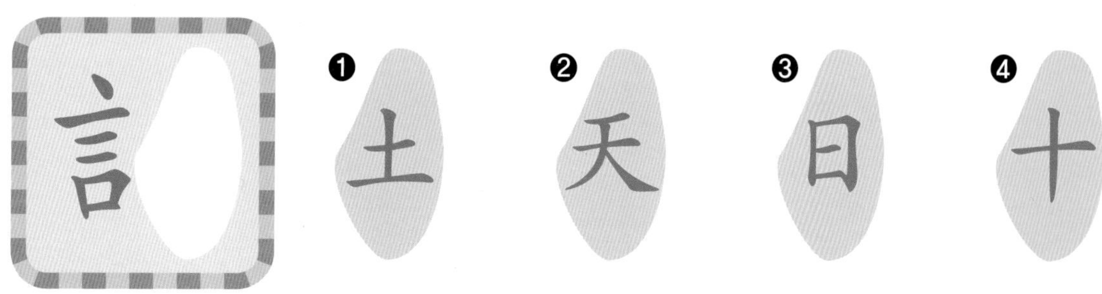
言
❶ 土
❷ 天
❸ 日
❹ 十

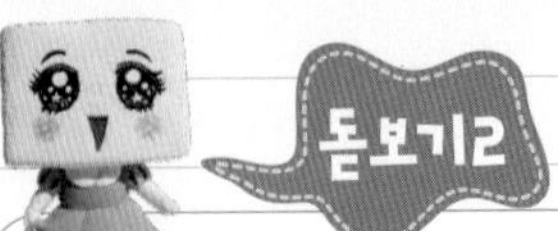

친구들의 안부가 궁금해.

방학 동안 친구들을 못 보면 친구들이 잘 지내는지 그렇지 않은지 궁금해져.
그럴 때는 전화나 편지로 '안부'를 물어보면 되겠지?

개떡이의 안부가 궁금해!

낱 편안한지【安】 아닌지【否】.

교 편안하게 잘 지내는지 그렇지 아니한지 알리는 소식. 또는 그것을 묻는 인사.

예 엄마한테 안부 좀 전해 주겠니?

문안 인사 올립니다.
그동안 안녕하셨죠?

안(安)이 들어간 낱말을 알아보자.
안(安)은 사람을 기분 좋게 해 주는 힘을 가진 글자야.
"안녕하세요?" 하며 드리는 '문안' 인사는 웃음을 가져다주고,
"다 잘될 거야!"라는 '위안'의 말은 마음의 위로를,
"나, 괜찮아요!"라는 말은 '안도'를 가져다주니 말이야.

낱 교 웃어른께 편안한지【安】 여쭘【問】. 또는 그런 인사.

웃어른께 안부를 여쭙는 거야. 웃어른을 뵙게 되면 문안 인사를 드려야 해.

예 할아버지께 문안 편지를 썼다.

낱 교 위로하여【慰】 마음을 편안하게【安】 함. 또는 그렇게 해 주는 대상.

따뜻한 말 한마디는 듣는 이의 마음을 편안하게 해 준단다. 위안이 되기 때문이지.

예 나는 그에게 큰 위안을 받았다.

낱 담【堵】 안에서 편안히【安】 지냄.

교 걱정거리에서 마음을 놓는 것.

도둑이 못 들어오게 담을 치면 안심이 되듯이, 걱정거리에서 마음을 놓는 거야.

예 모두 무사하다는 소식에 안도했다.

빈칸에 알맞은 낱말을 〈보기〉에서 골라 써 보세요.

〈보기〉 안부, 위안, 안도

- 먼 곳으로 전학 간 친구의 ❶ (   ) 가 궁금해.
- 삼촌의 병이 심각하지 않다는 말에 엄마는 ❷ (   ) 의 한숨을 내쉬었어.
- 친구의 따뜻한 말과 미소는 나에게 큰 ❸ (   ) 이 되었다.

우리는 때로 "아니오."라며 남의 요구를 물리치는 '거부'의 말을 하기도 해. 거부(拒否)에 쓰인 '아닐 부(否)'가 들어간 낱말을 다음 글에서 찾아보자.

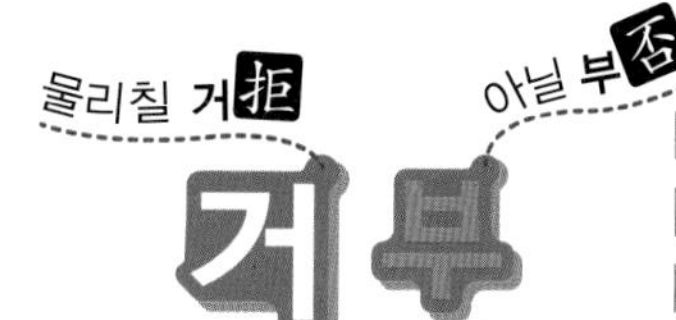

낱 물리치며【拒】 아니라고【否】 함.

교 남의 뜻이나 생각을 받아들이지 않는 것.

예 영철이는 나의 제안을 거부했다.

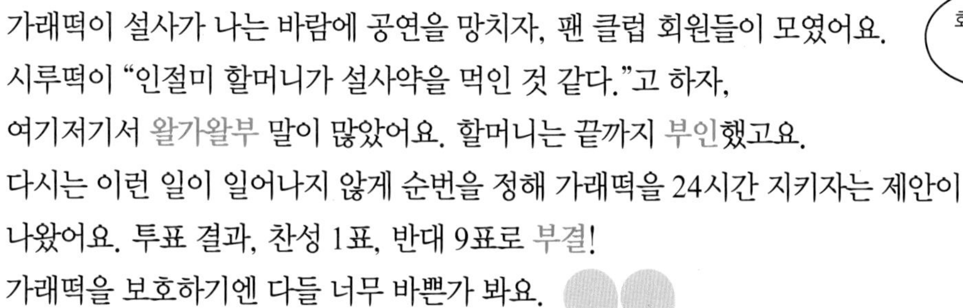

가래떡이 설사가 나는 바람에 공연을 망치자, 팬 클럽 회원들이 모였어요.
시루떡이 "인절미 할머니가 설사약을 먹인 것 같다."고 하자,
여기저기서 왈가왈부 말이 많았어요. 할머니는 끝까지 부인했고요.
다시는 이런 일이 일어나지 않게 순번을 정해 가래떡을 24시간 지키자는 제안이 나왔어요. 투표 결과, 찬성 1표, 반대 9표로 부결!
가래떡을 보호하기엔 다들 너무 바쁜가 봐요.

화장실이 급해요!
아, 배야!

낱 교 누구는 옳다고【可】 말하고【曰】 누구는 그르다고【否】 말함【曰】.

어떤 일에 대하여 누구는 옳다고 하고 누구는 그르다고 말하는 거야. 다툼이 있는 곳엔 '왈가왈부' 말이 많은 법이야.

예 서로 자기가 옳다고 왈가왈부한다.

가래떡에게 설사약이 든 차를 줬죠?
아니야! 그건 기운 내라고 준 인삼차였다고!

낱 인정하지【認】 아니함【否】.

교 어떤 사실을 받아들이지 않는 것.

어떤 내용이나 사실을 인정하지 않는 것을 '부인'이라고 해.

예 동생은 자기 잘못을 끝끝내 부인했다.

낱 교 어떤 안건을 받아들이지 않기로【否】 결정함【決】.

회의에서 나온 제안을 받아들이지 않기로 결정하는 거야. 투표 결과 찬성보다 반대가 많으면 '부결'되지.

예 안건은 과반수의 찬성을 얻지 못하여 부결되었다.

반대!
반대!

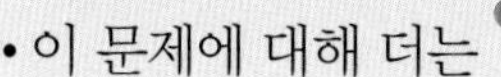

쏙쏙 문제

빈칸에 알맞은 낱말을 〈보기〉에서 골라 써 보세요.

〈보기〉 거부, 왈가왈부, 부결

- 이 문제에 대해 더는 ❶ ______ 하지 말자.
- 그는 끝까지 같이 가기를 ❷ ______ 했어.
- 이 안건은 찬성 15표, 반대 25표로 ❸ ______ 되었다.

한자의 뜻과 유래에 대한 설명을 읽고, 한자를 익혀 보세요.

安 7급

편안할 안

총 6획 | 부수 宀, 3획

학교에서 집【宀】으로 돌아왔을 때 엄마【女】가 기다리고 있으면 마음이 편안하지? 물론 요즘엔 일하는 엄마들이 많아서 오히려 아이들이 엄마를 기다려야 하는 경우도 있지만, 엄마의 사랑 가득한 마음만은 예나 지금이나 똑같단다.

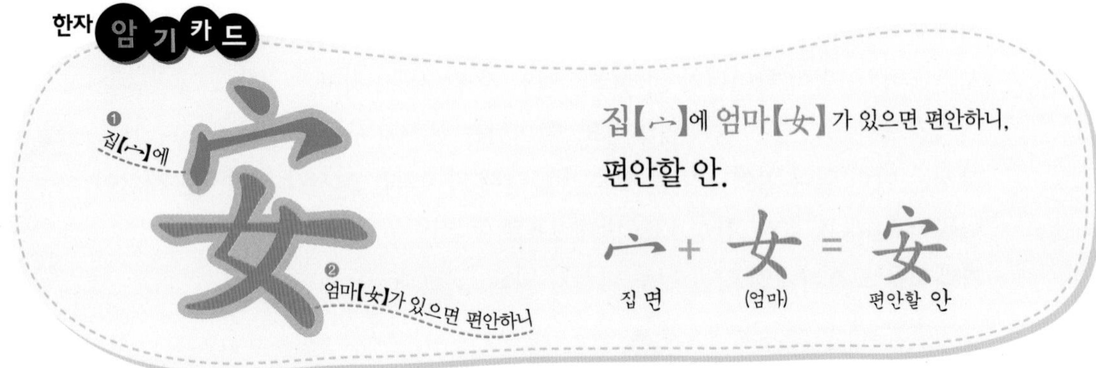

한자 암기카드
❶ 집【宀】에
❷ 엄마【女】가 있으면 편안하니
집【宀】에 엄마【女】가 있으면 편안하니,
편안할 안.
宀 + 女 = 安
집 면
(엄마)
편안할 안

❷ 女는 '여자 녀'이나 여기서는 '엄마'를 뜻함.

마음이 불안하거나 걱정스러울 때는 한군데에 가만히 앉아 있지 못하고 안절부절못하게 돼. 그런 모양을 '좌불안석'이라고 한단다.

앉을 좌 坐
아니 불 不
편안할 안 安
자리 석 席
좌불안석
낱 교 앉아도【坐】 편안하지 않은【不安】 자리【席】나 그런 상태.
예 선생님께서 내 잘못을 다 알고 있는 것만 같아 좌불안석이었다.
선생님, 꼭 낫게 해 주실 거죠?
수술 들어간다니 좌불안석이구나. 너무 걱정하지 마.

'한자 암기카드'를 보고 빈칸에 들어갈 말을 써 보세요.

❶ ( )【宀】에 ❷ ( )( )【女】가 있으면 편안하니, 편안할 안(安).

安의 뜻은 편안하다 이고, 음은 ❸ ( ) 입니다.

安의 어원을 생각하면서 필순에 따라 써 보세요.

安 安 安 安 安 安

安	安	安	安	安			

다지기

1 글자 조각 둘을 합쳐 사각형이 되도록 하면 두 글자로 된 낱말이 완성됩니다. 그 낱말을 알맞은 뜻과 이으세요.

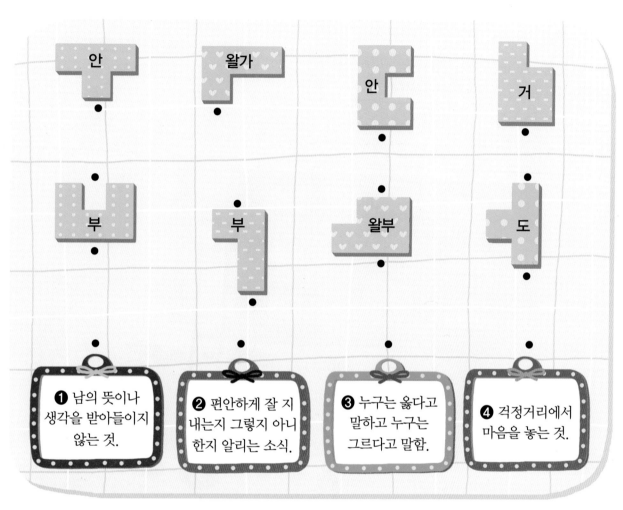

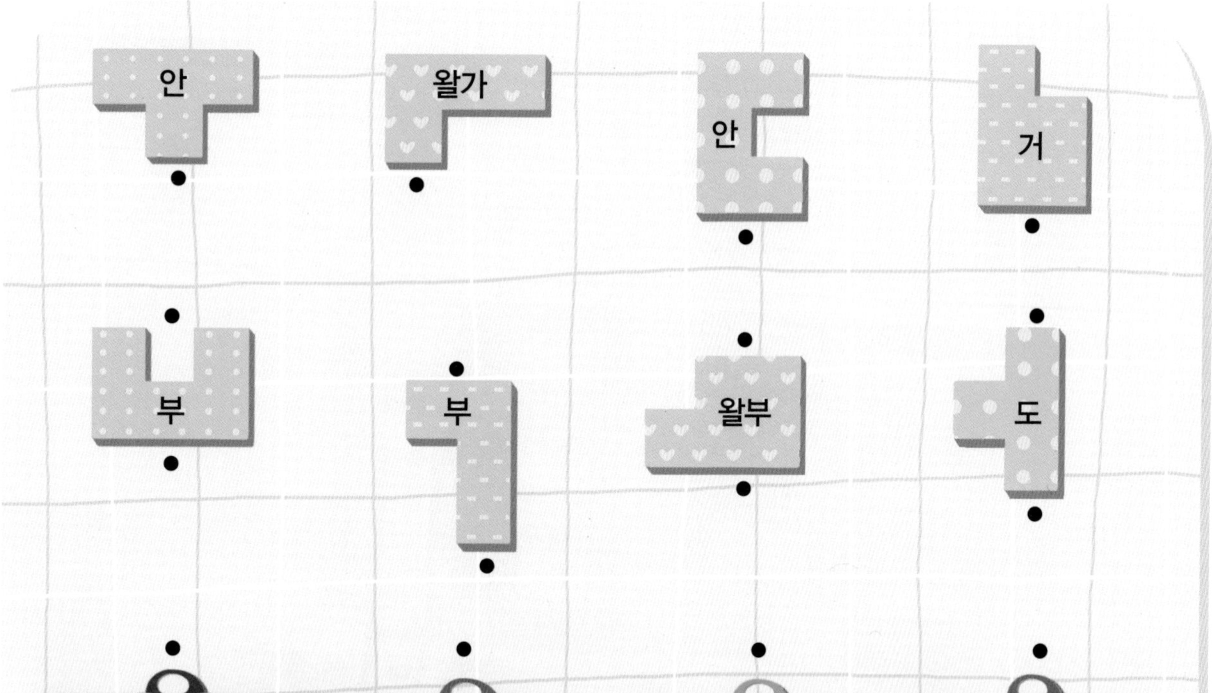

안 · 왈가 · 안 · 거

부 · 부 · 왈부 · 도

❶ 남의 뜻이나 생각을 받아들이지 않는 것.

❷ 편안하게 잘 지내는지 그렇지 아니한지 알리는 소식.

❸ 누구는 옳다고 말하고 누구는 그르다고 말함.

❹ 걱정거리에서 마음을 놓는 것.

2 〈보기〉에 맞는 한자를 찾아 색칠하세요.

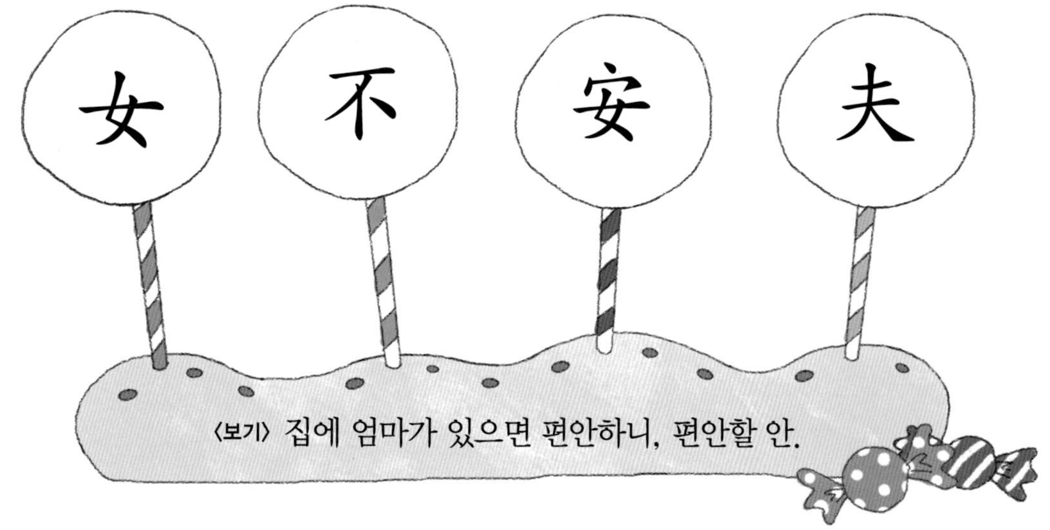
女
不
安
夫
〈보기〉 집에 엄마가 있으면 편안하니, 편안할 안.

'이삿짐'이라고 써야 해.

오늘은 우리 집 이사하는 날. 아침부터 이사집 센터 아저씨들이 오셔서 짐을 트럭에다 드러냈다. 아저씨들은 무거운 냉장고를 번쩍 들어서 옴겼다. 피아노도 금방 트럭에 실었다. 나도 아저씨들처럼 힘이 쌔면 정말 좋겠다. 이사를 마치고 난 다음 피자를 시켜 먹었다. 정말 맛있었다.

'들어냈다'가 맞는 표현이야.

'옮겼다'라고 쓰렴.

'세면'이라고 써야 한단다.

*이 글은 초등학교 3학년 어린이가 쓴 일기입니다.

속마음은 '드러내고', 이삿짐은 '들어내고'

물건을 들어서 밖으로 옮길 때에는 '드러내다'가 아니라 '들어내다'라고 써야 해. '드러내다'는 '속마음을 드러내다'처럼 알려지지 않은 사실을 널리 밝힐 때 쓰는 말이야. 가려서 보이지 않던 것을 보이게 할 때에도 '드러내다'라고 쓰지.

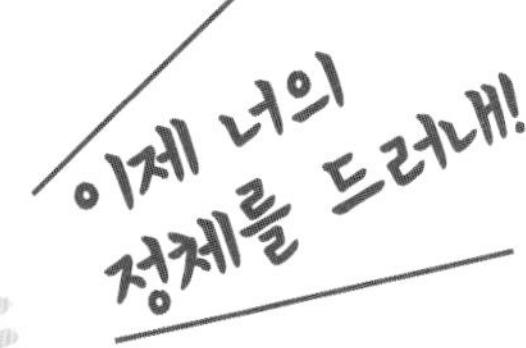

이제 너의 정체를 드러내!

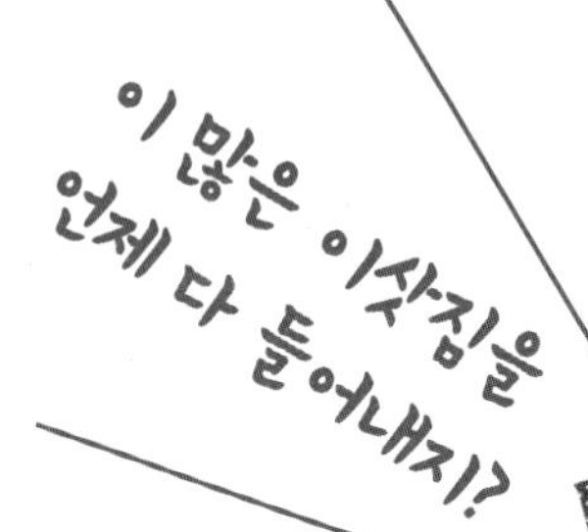

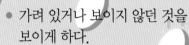

드러내다

- 가려 있거나 보이지 않던 것을 보이게 하다.
  - 예 하얀 이를 드러내고 웃다.
- 알려지지 않은 사실을 널리 밝히다.
  - 예 그는 사람들에게 본색을 드러내기 시작했다.

이 많은 이삿짐을 언제 다 들어내지?

들어내다

- 물건을 들어서 밖으로 옮기다.
  - 예 방에서 이삿짐을 들어냈다.

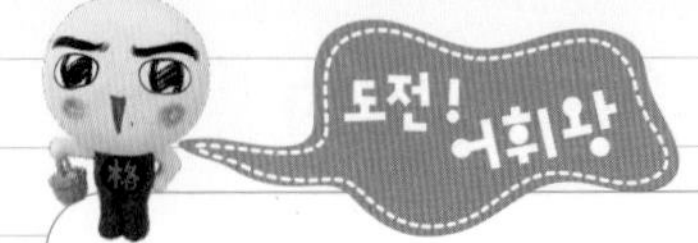

1 마법의 나무에 글자 과일이 주렁주렁 열렸어요. 아래 문장 속에 들어갈 낱말을 글자 과일에서 찾아 바른 순서대로 쓰세요.

안 구 초 면 씨 섭 부 부

❶ 온도계의 (　　) 는 빨간색이야.

❷ 일기 예보에서 내일은 (　　) 32도의 무더운 날씨라고 했어.

❸ 그와 나는 오늘 처음 만나는 (　　) 이었다.

❹ 나는 주말마다 할아버지께 (　　) 전화를 드린다.

2 주어진 문장 속에 '관(官)'의 두 가지 뜻이 있어요. 두 가지 뜻을 찾아 ◯하고 빈칸에 쓰세요.

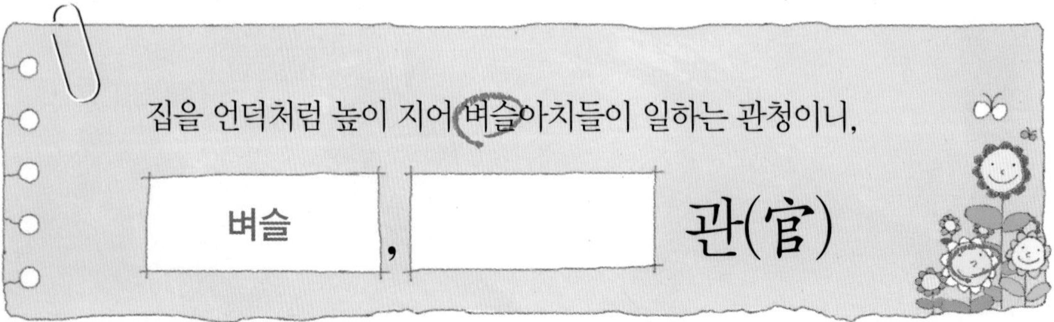

집을 언덕처럼 높이 지어 벼슬아치들이 일하는 관청이니,
벼슬
,
관(官)

3 상자의 뜻에 알맞은 답을 찾고, 길을 따라가 만나는 친구에게 ◯표 하세요.

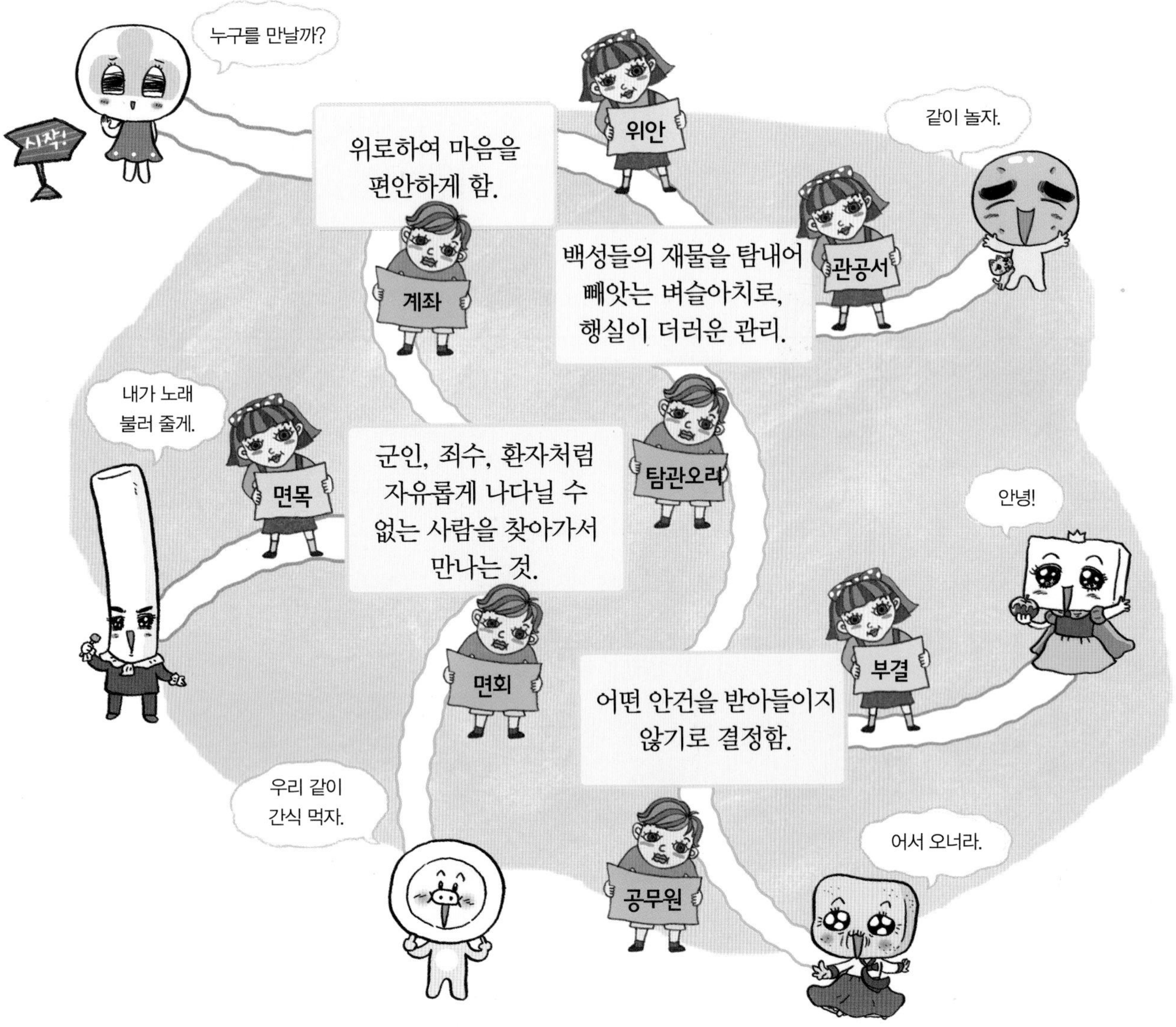

시작!

누구를 만날까?

위로하여 마음을 편안하게 함.

위안

계좌

관공서

같이 놀자.

백성들의 재물을 탐내어 빼앗는 벼슬아치로, 행실이 더러운 관리.

내가 노래 불러 줄게.

면목

군인, 죄수, 환자처럼 자유롭게 나다닐 수 없는 사람을 찾아가서 만나는 것.

탐관오리

안녕!

면회

부결

어떤 안건을 받아들이지 않기로 결정함.

우리 같이 간식 먹자.

공무원

어서 오너라.

4 양쪽 한자에 공통으로 들어 있는 글자를 ❶~❹에서 고르세요.

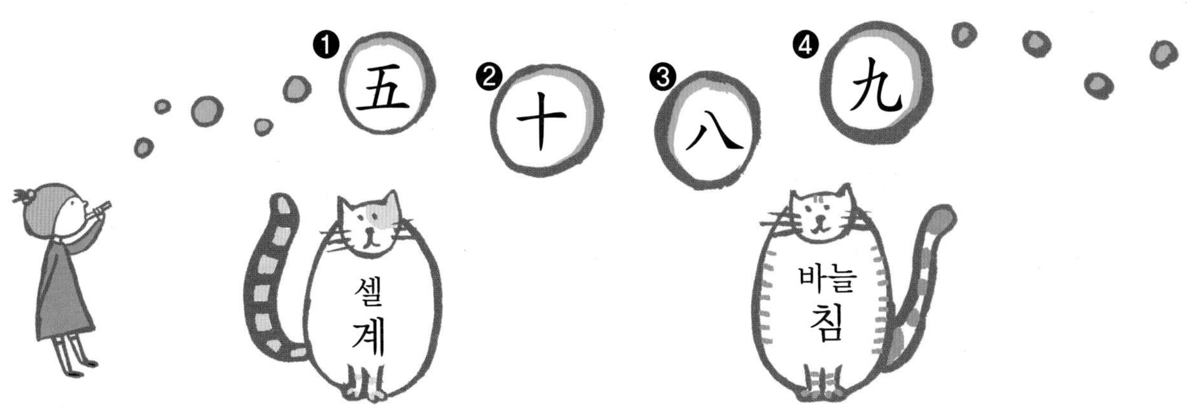

평가 문제

1. 다음 사진 속 온도계는 (　　) 28도를 가리키고 있습니다. (　　) 안에 들어갈 말을 상자 안의 뜻을 참고하여 쓰세요.

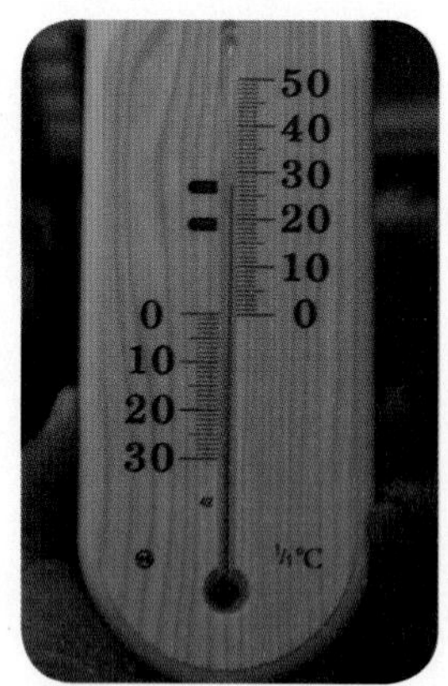

물이 어는 온도를 0도, 끓는 온도를 100도로 하고 그 사이를 100등분하여 나타내는 온도 단위. 기호는 ℃. 과학자 셀시우스의 이름을 한자로 쓰면서 (　　)로 부르게 됨.

(　　　　　　)

2. 빈칸에 들어갈 낱말을 찾아 바르게 이으세요.

(1) 매일 똑같은 실수만 반복하니 정말 (　　　　)이 없어요. •　　　　• 부인

(2) 철수는 자기가 한 일이 아니라며 끝까지 (　　　　)했다. •　　　　• 면박

(3) 그는 사소한 실수에도 꼭 (　　　　)을 주어 사람을 무안하게 만든다. •　　　　• 면목

3~4 빈칸에 알맞은 낱말을 〈보기〉에서 골라 쓰세요.

〈보기〉 탐관오리, 위안, 민원

3. 주민이 관공서에 원하는 바를 요구하는 일을 (　　　　)이라고 해.

4. (　　　　)는 백성의 재물을 탐내어 빼앗는 벼슬아치로, 행실이 더러운 관리를 가리키는 말이야.

5. 〈보기〉의 낱말에 공통으로 들어가는 한자를 고르세요. (　　　　)

〈보기〉 관공서, 관직, 관리, 탐관오리

❶ 公　　❷ 官　　❸ 五　　❹ 吏　　❺ 計

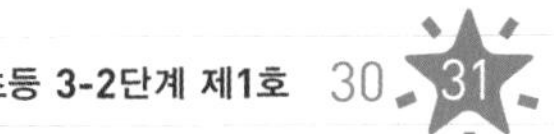

6. 밑줄 친 낱말 가운데, '만날 면(面)'이 쓰이지 않은 낱말을 고르세요. (   )

❶ 시민들이 시장과 **면담**하기 위해 시청으로 갔다.
❷ 지민이는 여러 번 본 적이 있었지만 지민이 친구는 **초면**이었다.
❸ 병원에 입원한 수정이에게 **면회** 가기로 했어요.
❹ 우리 엄마는 **순면**으로 된 옷을 좋아하신다.

7. 서로 관계있는 것끼리 연결하세요.

(1) 얼굴에 있는 눈을 마주 보며 만나니, 얼굴 면, 만날 면. • • 計
(2) 말로 열까지 수를 세고 꾀를 내니, 셀 계, 꾀 계. • • 面
(3) 집에 엄마가 있으면 편안하니, 편안할 안. • • 安

8. 다음 중 맞는 설명은 ○표, 틀린 설명은 X표 하세요.

(1) 편안하게 잘 지내는지 그렇지 아니한지 물을 때 **안부**를 묻는다고 말해. (   )
(2) 누구는 옳다고 말하고 누구는 그르다고 말하는 것을 **왈가왈부**라고 하지. (   )
(3) 기온이 섭씨 0도보다 낮은 것을 **영상**이라고 한다. (   )

9. 〈보기〉의 밑줄 친 낱말은 잘못 쓰인 것입니다. 고쳐 쓸 낱말을 고르세요. (   )

〈보기〉 악당들이 꾸민 **계좌**에 절대 속아 넘어가지 않겠다.

❶ 생계 ❷ 계략 ❸ 면적 ❹ 계단 ❺ 부결

10. 〈보기〉의 빈칸에 들어갈 알맞은 낱말을 고르세요. (   )

〈보기〉 우리 삼촌들은 구청, 경찰서, 소방서에서 일한다. 모두 관공서에서 일하는 (   )이다.

❶ 공무원 ❷ 대감 ❸ 습도계 ❹ 영감 ❺ 관직

녹이 슬지 않는 그릇, 스테인리스!

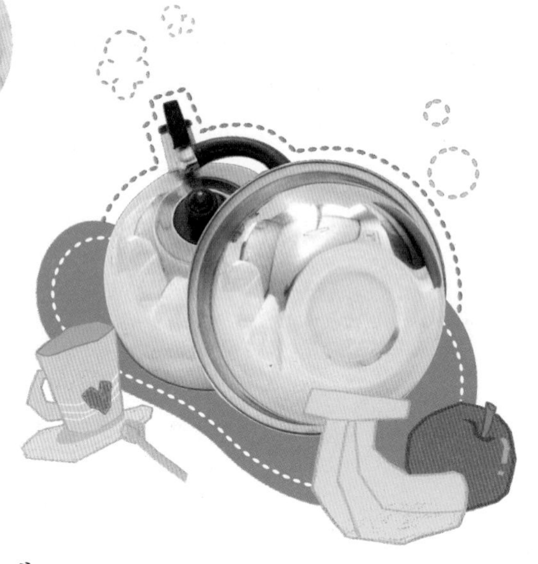

주방에서 쓰는 철 그릇을 나이 드신 어른들이 '스텐'이라고 부르는 걸 들어 봤니?
'스텐'은 '스테인리스강(鋼)'을 줄여서 부른 거란다.
'녹이 슬지 않는 강철'이란 뜻이지.
'강(鋼)'은 '철'을 뜻하는 한자어로, 영어로 하면 스틸[steel]이야.
그래서 '스테인리스강'을 '스테인리스 스틸[stainless steel]'이라고도 해.

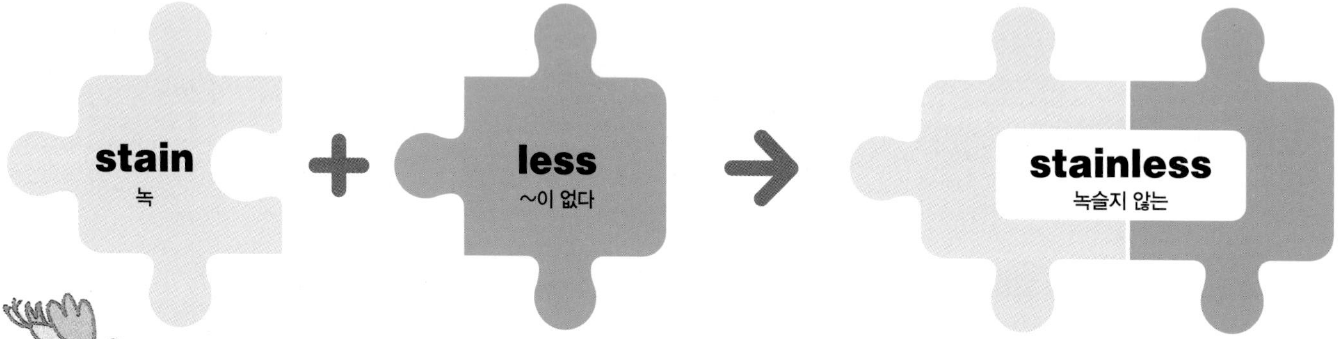

stain 녹 + **less** ~이 없다 → **stainless** 녹슬지 않는

스테인리스stainless는 '녹슬지 않는'이란 뜻이야.
stain이 '녹', '얼룩'이라는 뜻이고 **-less**는 '~이 없다'는 뜻이니까
두 말을 합친 스테인리스stainless는 당연히
'얼룩이나 때가 없는', '녹슬지 않는'이라는 뜻이 되겠지.
어때, 생각보다 간단하고 쉽지?
단어 뒤에 **-less**만 붙이면 그 단어의 뜻이 없어지니까 신기하기도 하고 말이야.
그럼 '~이 없다'는 뜻인 **-less**가 붙어 있는 단어들을 알아볼까?

friendless

친구friend가 없으면 정말 고독하겠지?
'친구가 없는', '고독한'이란 뜻의 **friendless**는 친구friend에 '~이 없다'는 뜻의 **-less**를 붙여 만든 단어야.

sugarless

요즘은 건강을 위해 '설탕sugar이 들어 있지 않은 무설탕sugarless'의 음료나 음식을 먹는 경우가 많아.

endless

끝end에 '~이 없다'는 뜻의 **-less**를 붙인 **endless**는 '끝이 없는', '영원히 계속되는'이란 뜻이야.

meaningless

meaningless는 '의미가 없는', '무의미한'이란 뜻이야.
의미meaning와 **-less**가 결합한 단어란다.

콕콕 정답

제1일차

05쪽 1. 보람 2. 면담 3. 세상에
4. 방과 5. 관공서 6. 정의

06쪽 ❶ 공무원 ❷ 관공서 ❸ 민원

07쪽 ❶ 탐관오리 ❷ 관직 ❸ 관리

08쪽 ❶ 집 ❷ 언덕 ❸ 관

09쪽

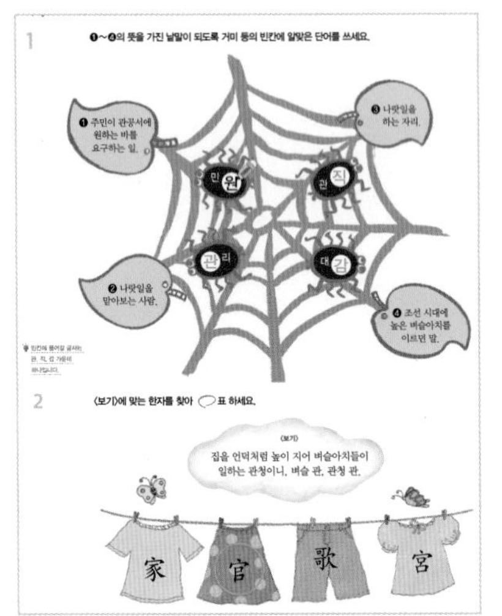

제2일차

10쪽 ❶ 면회 ❷ 초면 ❸ 면담

11쪽 ❶ 면적 ❷ 면박 ❸ 면목

12쪽 ❶ 얼굴 ❷ 눈 ❸ 면

13쪽

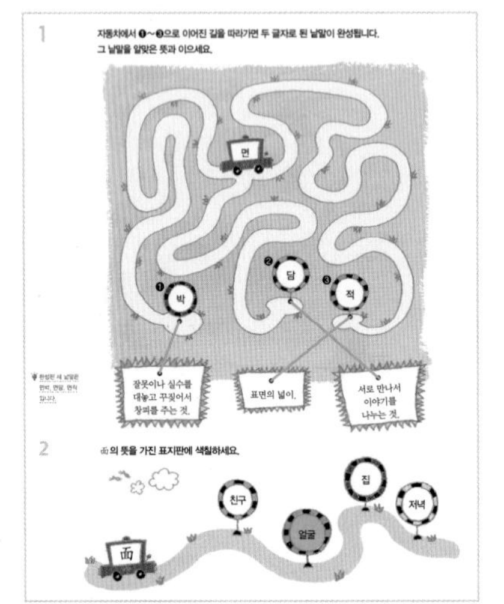

제3일차

17쪽 1. 바닷말 2. 영역 3. 섭씨
4. 이산화탄소 5. 안부 6. 수온

18쪽 ❶ 구부 ❷ 영상 ❸ 섭씨

19쪽 ❶ 계략 ❷ 계좌 ❸ 생계

20쪽 ❶ 말 ❷ 열 ❸ 계

21쪽

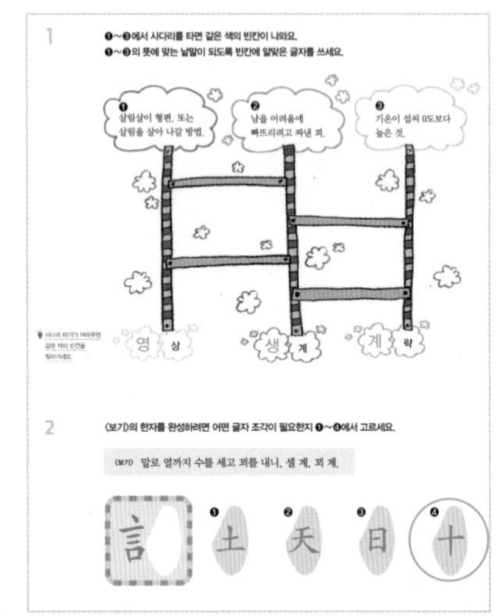

제4일차

22쪽 ❶ 안부 ❷ 안도 ❸ 위안

23쪽 ❶ 왈가왈부 ❷ 거부 ❸ 부결

24쪽 ❶ 집 ❷ 엄마 ❸ 안

25쪽

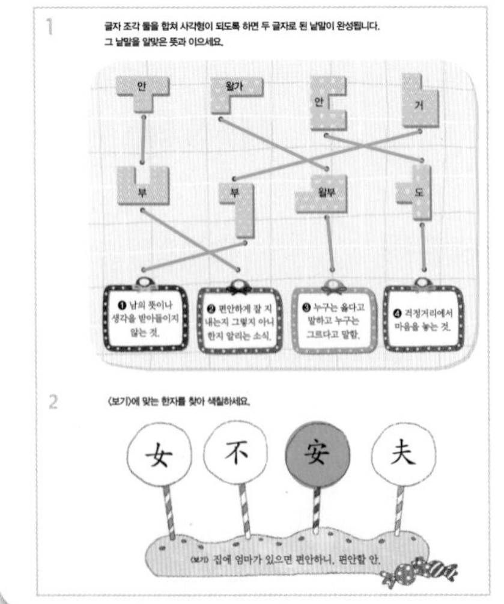

제5일차

도전! 어휘왕

28-29쪽

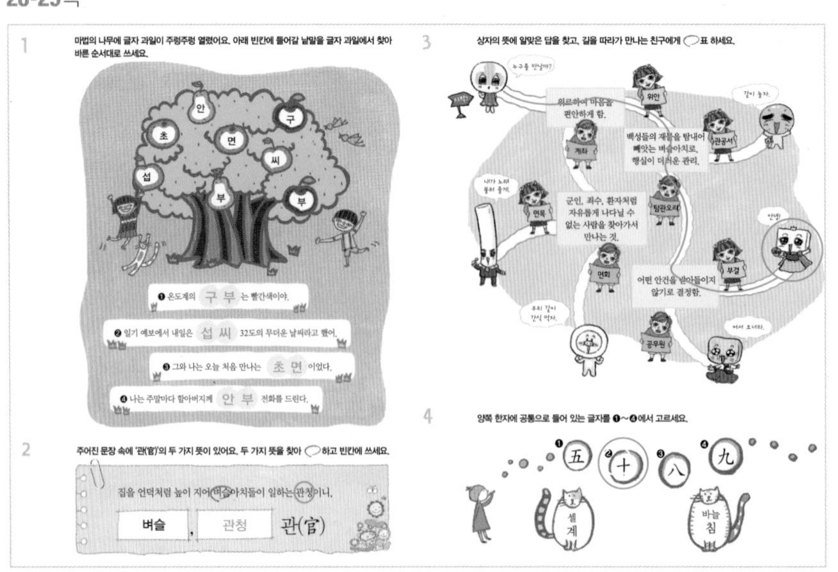

평가 문제

30-31쪽 1. 섭씨 2. (1) 면목 (2) 부인 (3) 면박 3. 민원 4. 탐관오리 5. ❷
6. ❹ 7. (1) 面 (2) 計 (3) 安 8. (1) ○ (2) ○ (3) X 9. ❷ 10. ❶

어휘왕 등극하기

누구나 매일 만나는 친한 친구지만 아무도 좋아하지 않는 것은?
맞아, 바로 똥이야. 똥은 더럽고 냄새나서 모두들 피하지.
예전에 거름으로 쓰일 때는 그래도 대접을 받았다는데.
속담에서 똥은 어떻게 그려지는지 살펴볼까?

평소에 흔하던 것도 막상 긴하게 쓰려고 구하면 없다는 말이지.

똥 누고 간 우물도 다시 먹을 날이 있다

두 번 다시 안 볼 것처럼 하찮게 대해도 또 찾아갈 일이 있기 마련이니, 누구에게나 항상 좋게 대하라는 말이란다.

똥 누러 갈 적 마음 다르고 올 적 마음 다르다

자기 일이 아주 급한 때는 통사정하며 매달리다가 그 일을 무사히 다 마치고 나면 모른 체하고 지낸다는 뜻이지.

똥 묻은 개가 겨 묻은 개 나무란다

자기는 더 큰 흉이 있으면서 도리어 남의 작은 흉을 본다는 뜻을 지닌 속담이야.

똥은 건드릴수록 구린내만 난다

악한 사람을 건드리면 불쾌한 일만 생긴다는 말이란다.

똥이 무서워 피하나 더러워 피하지

악하거나 나쁜 사람을 상대하지 않고 피하는 것은 그가 무서워서가 아니라
상대할 가치가 없어서 피하는 것이라는 뜻이야.

똥 진 오소리

오소리는 너구리 굴에서 함께 살면서 너구리의 똥까지 져 나른다고 해.
이 속담은 남이 더러워서 하지 않는 일을 도맡아 하거나 남의 뒤치다꺼리를 하는 사람을
오소리에 비유해 놀림조로 이르는 말이란다.

똥 친 막대기

천하게 되어 아무짝에도 못 쓰게 된 물건이나 버림받은 사람을 이르는 속담이야.

방귀가 잦으면 똥 싸기 쉽다

어떤 현상과 연관이 있는 징조가 자주 나타나게 되면 반드시 그 현상이 생기기 마련이라는 뜻이야.
무슨 일이나 소문이 잦으면 실현되기 쉬움을 이르는 속담이지.

마법의 상위권 어휘 스스로 평가표

01

다음 중 뜻을 자신 있게 말할 수 있는 낱말은 ○표, 알쏭달쏭한 낱말은 △표, 자신 없는 낱말은 ×표 하세요.

관공서 ( ) | 면담 ( ) | 섭씨 ( ) | 안부 ( )

02

다음 중 뜻과 음을 자신 있게 말할 수 있는 한자는 ○표, 알쏭달쏭한 한자는 △표, 자신 없는 한자는 ×표 하세요.

官 ( ) | 面 ( ) | 計 ( ) | 安 ( )

03

〈평가 문제〉를 모두 풀고 정답을 확인해 보세요. 10문항 중 내가 맞힌 문항 수는 몇 개인가요?

❶ 9-10문항 ( ) | ❷ 7-8문항 ( ) | ❸ 5-6문항 ( ) | ❹ 3-4문항 ( ) | ❺ 1-2문항 ( )

| 부모님과 선생님께 |

위에서 어린이가 스스로 적은 내용을 보고, 어린이가 어려워하는 부분을 함께 보면서 어휘의 뜻과 쓰임을 이해할 수 있도록 해 주세요.

초등 3-2 단계

스토리텔링식 신교과서 학습을 위한
마법의
상위권 어휘
제 2 호

어휘가
쑥쑥 자라요.

부모님과 선생님께서는 이렇게 지도해 주세요

제 1 일차	제 2 일차	제 3 일차	제 4 일차	제 5 일차
재미있는 똥 이야기를 읽고, 대표 어휘 '장면'과 한자 '場'을 익힙니다. '장면'에서 확장된 여러 낱말의 뜻을 스스로 추론해 보도록 지도해 주세요.	대표 어휘 '매체'의 뜻과 한자 '報'를 익히고, 관계있는 낱말도 함께 익힙니다. 다지기 문제를 풀어 보고, '깨가 쏟아지다'라는 표현도 익히도록 해 주세요.	용감한 비둘기 이야기를 읽고, 대표 어휘 '분단'과 한자 '族'을 익힙니다. '분단'에서 확장된 여러 낱말의 뜻을 스스로 추론해 보도록 지도해 주세요.	대표 어휘 '자석'의 뜻과 한자 '石'을 익히고, 관계있는 낱말도 함께 익힙니다. 다지기 문제를 풀어 보고, '해어지다'와 '헤어지다'를 구별하여 쓰도록 해 주세요.	재미있는 게임 문제와 학교 시험 유형의 평가 문제를 풀며 어휘 실력을 다집니다. '애니메이션(animation)'과 구성 원리가 비슷한 영어 단어들도 함께 익히도록 해 주세요.

이런 내용을 배워요!

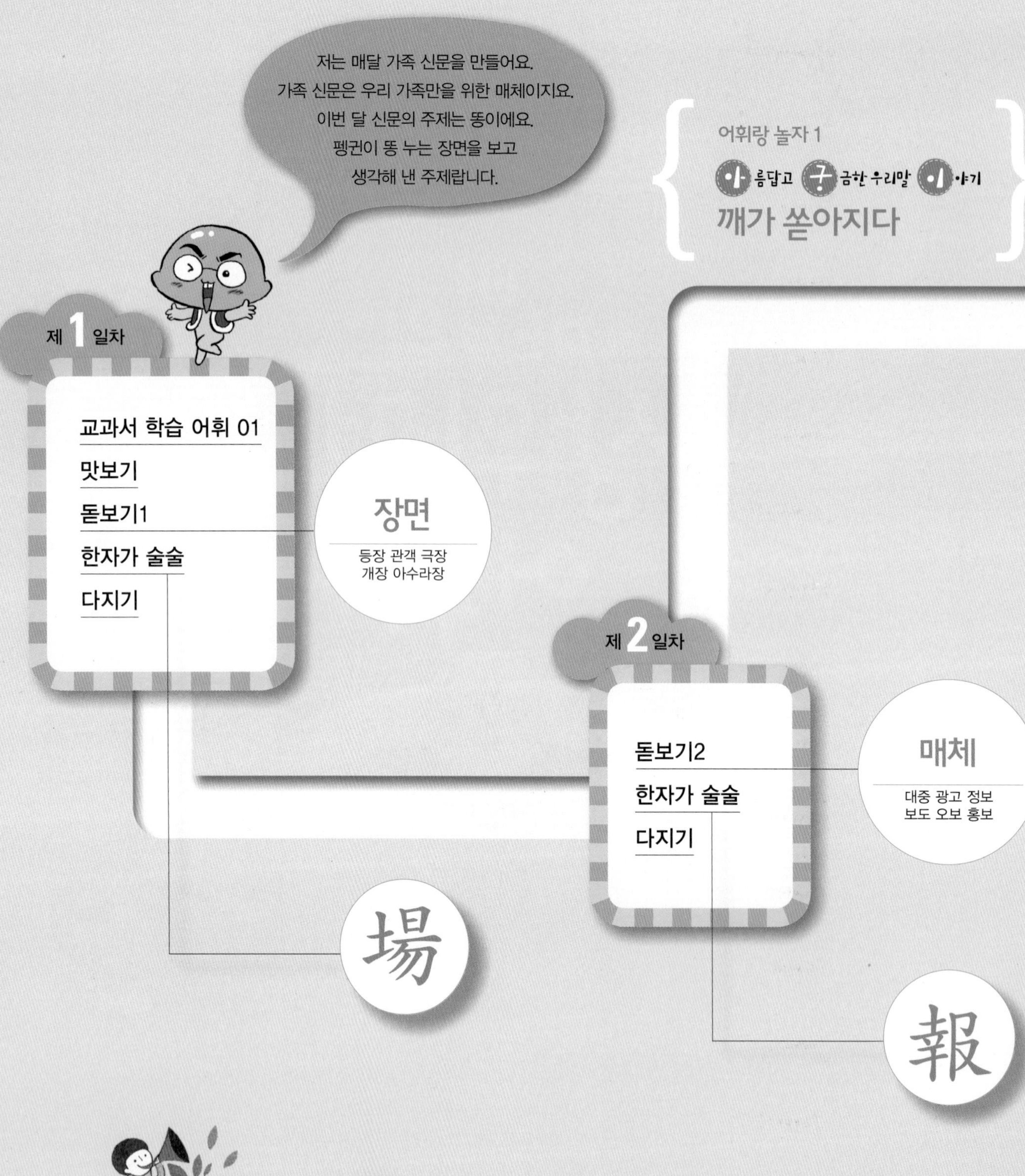

저는 매달 가족 신문을 만들어요.
가족 신문은 우리 가족만을 위한 매체이지요.
이번 달 신문의 주제는 똥이에요.
펭귄이 똥 누는 장면을 보고
생각해 낸 주제랍니다.
어휘랑 놀자 1
아름답고 궁금한 우리말 이야기
깨가 쏟아지다
제 1 일차
교과서 학습 어휘 01
맛보기
돋보기1
한자가 술술
다지기
장면
등장 관객 극장
개장 아수라장
場
제 2 일차
돋보기2
한자가 술술
다지기
매체
대중 광고 정보
보도 오보 홍보
報

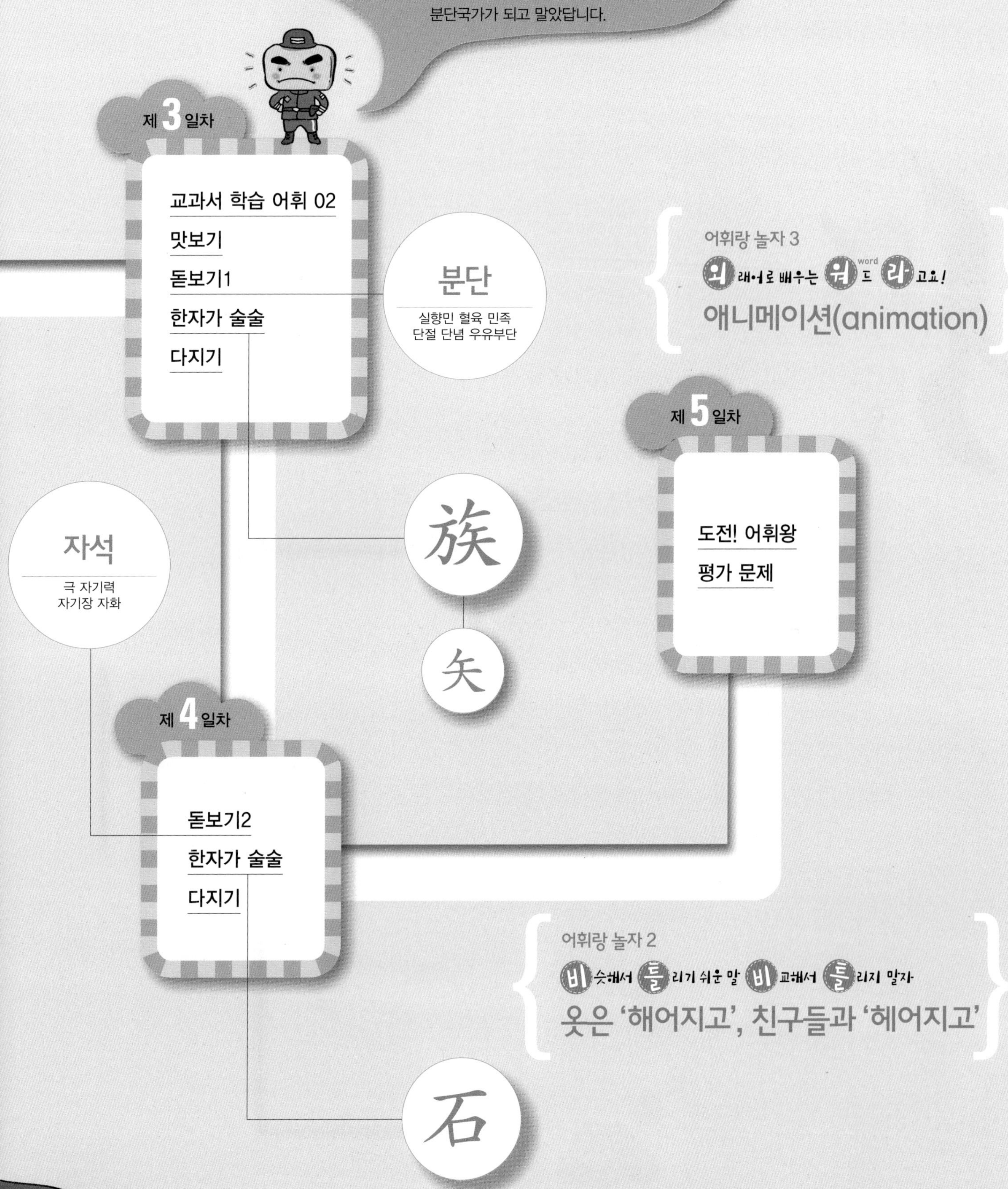

비둘기 머릿속에 들어 있는 자석은 나침반 역할을 한대요.
그 덕분에 제2차 세계 대전에서 비둘기들은 뛰어난 연락병이
될 수 있었어요. 그렇지만 비둘기들의 노력에도 불구하고,
우리나라와 독일은 전쟁이 끝난 뒤
분단국가가 되고 말았답니다.
제 3 일차
교과서 학습 어휘 02
맛보기
돋보기1
한자가 술술
다지기
분단
실향민 혈육 민족
단절 단념 우유부단
族
矢
자석
극 자기력
자기장 자화
제 4 일차
돋보기2
한자가 술술
다지기
石
어휘랑 놀자 3
외래어로 배우는 워드(word) 라고요!
애니메이션(animation)
제 5 일차
도전! 어휘왕
평가 문제
어휘랑 놀자 2
비슷해서 틀리기 쉬운 말 비교해서 틀리지 말자
옷은 '해어지고', 친구들과 '헤어지고'

◑ 글 속의 주황색 낱말들은 무슨 뜻일까요? 잘 생각하면서 다음 글을 읽어 보세요.

펭귄은 모성애가 매우 강한 동물이래요. 둥지에서 알을 돌볼 땐 똥을 누고 싶어도 절대로 바깥으로 나가지 않는대요. 그럼 어떻게 하냐고요? 엉덩이를 둥지 밖으로 쑥 내밀고, 사람이 똥을 눌 때보다 무려 여덟 배나 강한 힘으로 똥을 발사한답니다. 그러면 똥이 40센티미터쯤 날아가 뚝 떨어진대요. 참 재미있는 장면이죠?

똥 하면 코끼리도 빼놓을 수 없어요. 코끼리는 하루에 400킬로그램 이상의 먹이를 먹고 100~200킬로그램의 똥을 싼대요. 정말 엄청난 양이지요? 코끼리는 풀만 먹는 초식 동물이므로 똥의 대부분이 섬유질이에요. 그래서 케냐와 타이 사람들은 코끼리 똥으로 종이를 만들어요. 코끼리 똥을 헹구어 끓여 말리면 아주 훌륭한 종이가 된답니다.

코끼리 똥만 종이가 되는 건 아니에요. 오스트레일리아에서는 캥거루 똥으로 종이를 만들어요. 캥거루 똥 25킬로그램이면 공책 크기의 종이 400장을 만들 수 있대요. 이 밖에도 낙타의 똥은 사막에서 땔감으로 쓰이고, 인도네시아에서는 커피 열매를 먹은 사향고양이의 똥으로 고급 커피를 만들어요. 그러고 보면 똥이 더럽기만 한 건 아닌가 봐요.

한편, 똥을 보면 건강을 알 수 있다고 해요. 조선 시대에는 임금이 똥을 누면 매일 의원들이 검사했어요. 색깔과 냄새를 확인하고, 심지어 맛도 봤다지요. 갓난아기인 내 동생이 황금색 똥을 눌 때마다 엄마가 기뻐하시는 이유도 황금색 똥이 건강하다는 증거이기 때문이래요.

제가 만들고 있는 매체인 가족 신문의 이번 달 주제는 아무래도 똥으로 할까 봐요. 우리 가족의 똥에 대해 깊이 파헤치는 글을 써야겠어요.

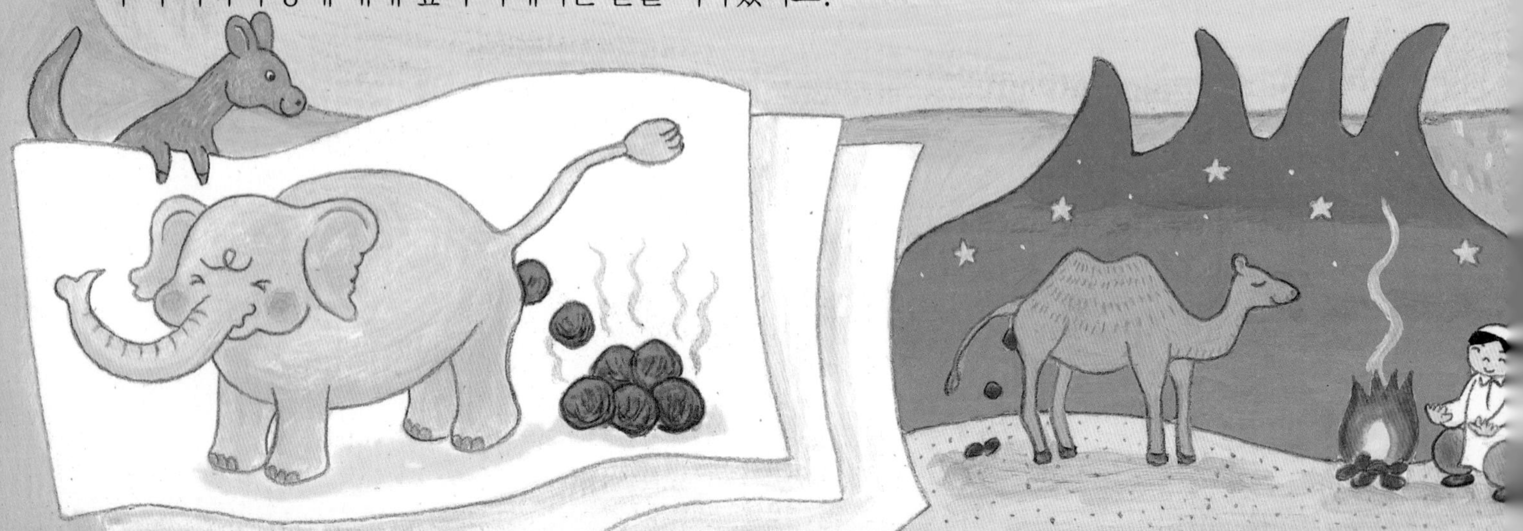

맛보기

◑ 빈칸에 알맞은 낱말을 왼쪽 글의 주황색 낱말 중에서 찾아 써 보세요.
잘 모를 땐 💡를 보거나, ❶~❸에서 골라 쓰세요.

1 (섬 유 질)이 많이 들어 있는 채소를 매일 먹도록 하자.

💡 식물의 몸을 이루고 있는 가늘고 긴 실 모양의 물질이에요. 종이나 실의 원료랍니다.

❶ 섬유질　　**❷ 부채질**　　**❸ 브라질**

2 방송 ( )의 힘이 날로 커져 가고 있다.

💡 사실, 지식, 정보 등을 알리는 수단이 되는 것이에요. 책, 신문, 방송 등이 모두 이것이지요.

❶ 매점　　**❷ 매형**　　**❸ 매체**

3 오랑우탄은 어미가 새끼를 항상 안고 다닐 정도로 (   )가 강한 동물이다.

💡 어머니가 자식한테 보이는 사랑이에요. 아버지의 사랑은 부성애라고 하지요.

❶ 모성애　　**❷ 모서리**　　**❸ 모퉁이**

4 이 영화에는 헤어져 있던 가족이 다시 만나는 감동적인 ( )이 나온답니다.

💡 어떤 일이 일어나는 모습이지요.

❶ 쫄면　　**❷ 장면**　　**❸ 라면**

5 내가 거울을 깼다는 ( )를 대 봐.

💡 어떤 사실을 증명할 수 있는 근거랍니다.

❶ 증기　　**❷ 증거**　　**❸ 증오**

6 우리나라에서 2009년 처음으로 우주선을 ( )했다.

💡 총, 대포, 화살 따위를 쏘는 것.

❶ 농사　　**❷ 설사**　　**❸ 발사**

돋보기1
참 재미있는 장면이죠?

어린아이가 길에 넘어져 있는 '장면'을 봤다면 얼른 다가가서 일으켜 세워야겠지? 장면은 어떤 장소에서 어떤 일이 일어나는 모습이야. 또 연극, 영화 등에서의 한 모습을 가리키기도 해. TV에서 나오는 자장면 먹는 장면에 백설기와 쑥개떡이 군침을 흘리고 있어.

자장면 먹는
장면을 보니
참을 수가 없어.

장소 장 場
얼굴 면 面
장면

낱 어떤 장소【場】에서 벌어진 모습【面】.

교 ❶ 어떤 장소에서 어떤 일이 일어나는 모습.
❷ 연극, 영화 등에서의 한 모습.

예 길 가던 행인이 이 장면을 목격하고 경찰에 신고했다.

낱 은 낱글자 풀이,
교 는 교과서의 뜻이야!

삼색 송편이
등장합니다!
떨지 말고
활짝 웃으면서
등장해야 해!
네!

오늘은 삼색 송편이 큰 무대에 오르는 날이야.
드디어 '등장'할 순서가 됐어. 등장은 무대에 나오는 것을 말해.
반대말은 '퇴장'이란다.
등장은 소설, 영화 등에서 어떤 인물이 나타나는 것을 말할 때도 써.

오를 등 登 장소 장 場

등장

낱 장소【場】에 올라옴【登】.

교 ❶ 무대에 나옴.
❷ 소설, 영화, 연극 등에서 어떤 인물이 나타남.
❸ 사람, 물건, 사실 등이 세상에 처음으로 나옴.

예 나는 그가 무대에 등장하는 순간만을 기다렸다.

삼색 송편의 공연에 '관객'들은 뜨거운 박수를 보내 주었어.
관객은 공연, 영화, 그림 따위를 구경하는 사람을 말해.

볼 관 觀
손님 객 客
관객

낱 보는【觀】 손님【客】.

교 공연, 영화, 그림 따위를 구경하는 사람.

예 극장에 어린이 관객이 많이 몰렸다.

관객 여러분!
힘찬 박수를
보내 주세요.
잘했어!
관객들이 아주
즐거워했어.
짝짝~

쏙쏙 문제

빈칸에 알맞은 낱말을 〈보기〉에서 골라 써 보세요.

〈보기〉 관객, 등장, 장면

- 이 영화의 첫 ❶ (　　) 은 푸른 바다를 배경으로 시작한다.
- 영화에서 악당을 물리치기 위해 주인공이 ❷ (　　) 하는 장면은 언제나 멋지다.
- 연극이 끝나자 모든 ❸ (　　) 이 일어나 힘찬 박수를 보냈다.

삼색 송편이 공연한 '극장'은 아주 크고 유명한 곳이래.
극장은 연극, 영화, 음악회 따위를 볼 수 있는 건물이야.

낱 연극【劇】하는 장소【場】.
교 연극, 영화, 음악회 따위를 볼 수 있는 건물.
예 영화를 보러 극장에 갔다.

극장.

극장에 쓰인 '장(場)'은 '장소'를 가리킨단다. 장(場)이 들어가는 어휘는 아주 많아.
여럿이 모일 수 있는 넓은 장소인 '광장(廣場)', 기계로 물건을 만들어 내는 장소인 '공장(工場)',
사람들이 많이 모여 물건을 사고파는 장소인 '시장(市場)' 등이 있지.

떡 마을에 야외 수영장이 '개장'했어. 개장은 어떤 장소를 열어
운영을 시작하는 것을 말해. 반대말은 '폐장'이란다.
해수욕장은 보통 7월 초에 개장해서 8월 말에 폐장하지.

낱 어떤 장소【場】를 엶【開】.
교 어떤 장소를 열어 운영을 시작함.
예 스키장은 주로 11월에 개장한다.

'아수라장'이라는 말을 들어 봤니? 인도의 옛날이야기에 등장하는
아수라는 얼굴이 셋이고 팔이 여섯 개나 된단다.
성질이 나쁜 아수라들은 만날 싸우기만 했어. 그래서 아수라장은
싸움이 나거나 이것저것 뒤섞여서 몹시 어지러운 장소를 가리키게 되었지.

낱 아수라(阿修羅)가 싸우는 장소【場】.
교 싸움이 나거나 이것저것 뒤섞여서 몹시 어지러운 곳.
예 기념식장에 불이 나자 순식간에 아수라장으로 변했다.

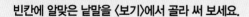

쏙쏙 문제

빈칸에 알맞은 낱말을 〈보기〉에서 골라 써 보세요.

〈보기〉 개장, 아수라장, 극장

- 전쟁이 나니 온 세상이 ❶ (   )으로 변했다.
- 주말에 만화 영화를 상영하는 ❷ (   )에 가기로 했다.
- 우리 집에서 멀지 않은 곳에 놀이동산이 새로 ❸ (   )했다.

한자의 뜻과 유래에 대한 설명을 읽고, 한자를 익혀 보세요.

場

7급

장소, 마당 장

총 12획 | 부수 土, 9획

아파트가 많이 들어선 요즘엔 마당이 없는 집이 많지만, 옛날에는 집집마다 마당이 있었단다. 흙【土】이 깔려 있고 햇살【昜】이 드는 장소인 마당에서 빨래도 말리고 여러 가지 곡식도 말렸지.

한자 암기카드

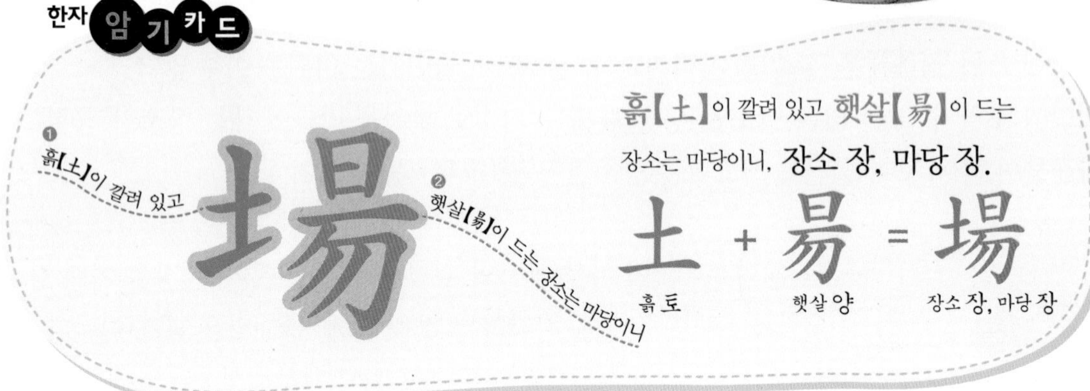

❶ 흙【土】이 깔려 있고
場
❷ 햇살【昜】이 드는 장소는 마당이니
흙【土】이 깔려 있고 햇살【昜】이 드는 장소는 마당이니, 장소 장, 마당 장.
土 + 昜 = 場
흙 토
햇살 양
장소 장, 마당 장

조선 시대에는 대낮에 선비들을 넓은 마당에 모아 놓고 글짓기 대회를 치렀어. 이것을 '백일장'이라고 해. 그래서 지금도 백일장은 주로 낮에 야외에서 열린단다.

날 밝은【白】 날【日】, 즉 대낮에 마당【場】에서 겨루는 글짓기 대회.

교 글짓기 대회.

예 이번 백일장의 글짓기 주제는 우정이다.

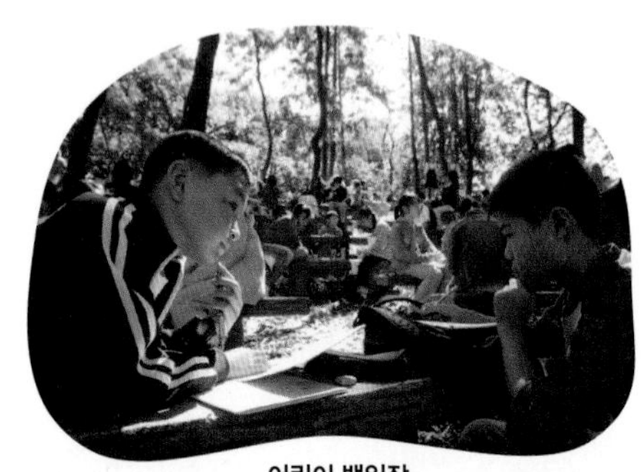

어린이 백일장.

'한자 암기카드'를 보고 빈칸에 들어갈 말을 써 보세요.

❶ (　)【土】이 깔려 있고 ❷ (　　)【昜】이 드는 장소는 마당이니, 장소 장, 마당 장(場).

場의 뜻은 장소, 마당이고, 음은 ❸ (　) 입니다.

場의 어원을 생각하면서 필순에 따라 써 보세요.

場 場 場 場 場 場 場 場 場 場 場 場

場	場	場	場	場			

1 의 뜻에 알맞은 낱말을 찾고 길을 따라가 만나는 친구에게 ◯ 표 하세요.

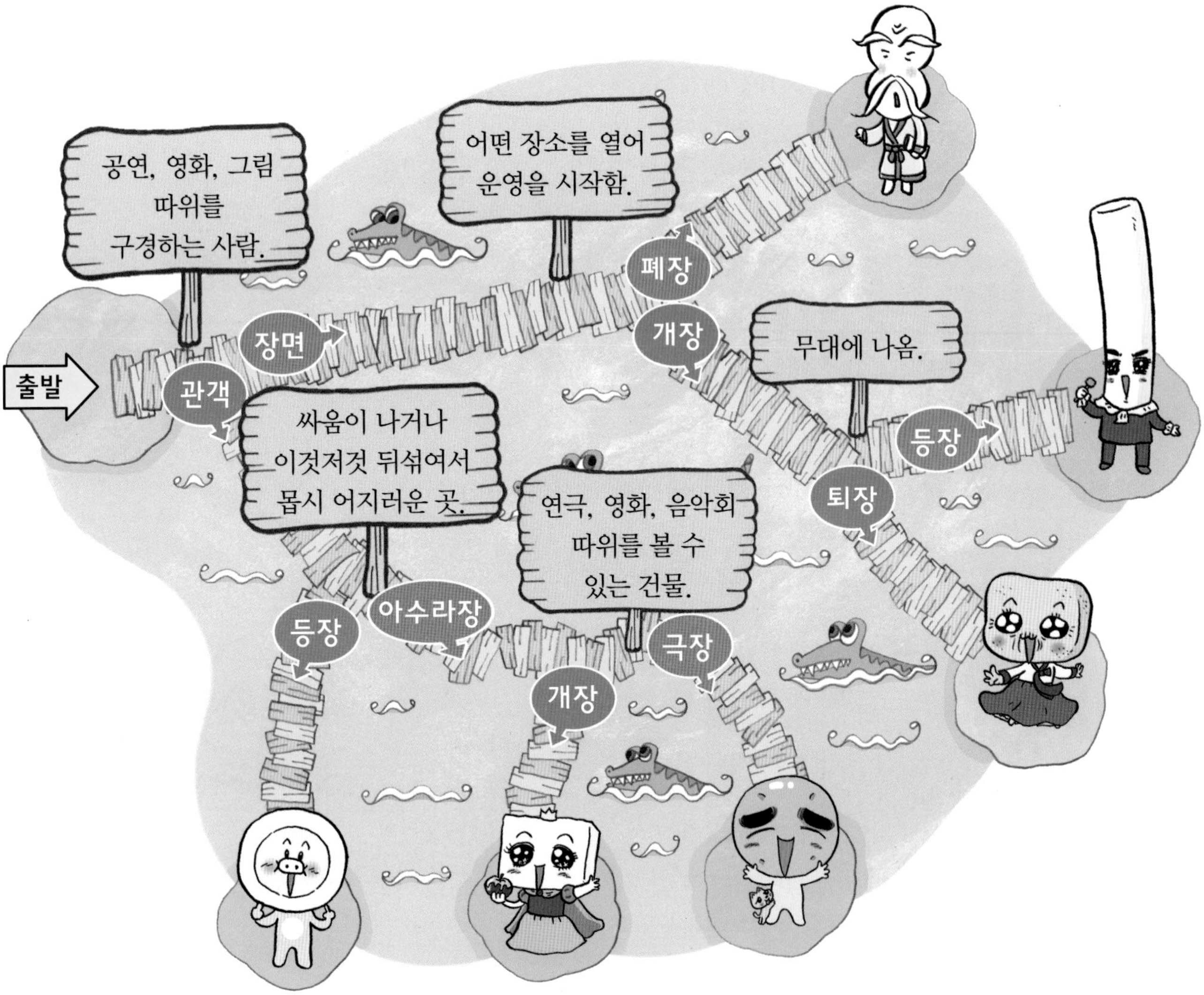

출발

공연, 영화, 그림 따위를 구경하는 사람.

어떤 장소를 열어 운영을 시작함.

무대에 나옴.

싸움이 나거나 이것저것 뒤섞여서 몹시 어지러운 곳.

연극, 영화, 음악회 따위를 볼 수 있는 건물.

장면 관객 폐장 개장 등장 퇴장 등장 아수라장 개장 극장

2 주어진 문장 속에 '장(場)'의 두 가지 뜻이 있어요. 두 가지 뜻을 찾아 ◯ 표 하고 빈칸에 쓰세요.

흙이 깔려 있고 햇살이 드는 장소는 마당이니,
장소 , 장(場)

우리는 매일 수많은 '매체'를 접하며 살아가고 있어.
매체가 뭔지 궁금하다고? 책, 신문, 잡지, 텔레비전, 라디오, 인터넷처럼 사실, 지식, 정보 등을 알리는 수단이 되는 것을 매체라고 한단다.
오늘 하루 어떤 매체들을 접했는지 생각해 볼까?

여러 가지 매체.

낱 어떤 것을 한쪽에서 다른 쪽으로 전달하는【媒】 물체【體】.
교 사실, 지식, 정보 등을 알리는 수단이 되는 것.
예 뉴스를 볼 수 있는 매체는 신문, 텔레비전, 인터넷 등이다.

텔레비전이나 신문처럼 많은 사람이 이용하는 매체를 '대중 매체'라고 해.
'대중'은 수많은 사람이란 뜻이야. 대중교통, 대중음악, 대중문화에도 많은 사람이 이용한다는 의미가 들어 있단다.

낱 큰【大】 무리【衆】.
교 수많은 사람.
예 그는 언제나 대중의 마음을 움직이는 연설을 한다.

대중 매체에는 '광고'가 정말 많이 나오지.
광고는 어떤 것을 팔거나 관심을 끌려고 여러 사람한테 널리 알리는 것을 말해.
텔레비전을 보면 프로그램 사이사이에 광고가 나오는 것을 볼 수 있어.

넓을 광 廣
알릴 고 告
광고

낱 널리【廣】 알림【告】.
교 어떤 것을 팔거나 관심을 끌려고 여러 사람한테 널리 알리는 것. 또는 그런 글, 그림이나 영상물.
예 형이 광고에 나온 과자를 사 왔다.

쏙쏙 문제

빈칸에 알맞은 낱말을 〈보기〉에서 골라 써 보세요.

〈보기〉 대중, 광고, 매체

- 에너지 절약을 위한 공익 ❶ ( ) 가 신문에 실렸어.
- 책, 신문, 인터넷 등의 ❷ ( ) 를 통해 우리는 많은 지식을 얻을 수 있어.
- 버스, 지하철, 기차와 같은 ❸ ( ) 교통을 많이 이용하자!

매체를 통해 우리는 다양한 '정보'를 얻을 수 있어.
정보는 어떤 일에 관한 지식이나 자료야.
책을 많이 읽으면 머릿속에 정보가 가득한 똑똑한 사람이 될 수 있단다.

사정 정情 알릴 보報

낱 알려야【報】 할 사정【情】.
교 어떤 일에 관한 지식이나 자료.
예 인터넷에서 매우 다양한 정보를 찾을 수 있었다.

정보(情報)의 '보(報)'는 '알리다'라는 뜻이야. 보(報)가 들어가는 낱말들을 더 알아보자.

텔레비전에 가래떡과 바게트가 연인이라는 '보도'가 나왔어.
보도는 신문이나 방송으로 소식을 널리 알리는 거야. 두 사람은 정말 연인일까?

알릴 보報 말할 도道

낱 알리려고【報】 말함【道】.
교 신문이나 방송으로 소식을 널리 알리는 것.
예 어제 열린 야구 경기의 결과가 신문에 보도되었다.

한 달 뒤 가래떡과 바게트의 열애설은 '오보'였음이 밝혀졌어.
오보는 사실과 다르게 잘못 전한 소식이야.
두 사람은 드라마 속의 연인일 뿐이었대.

알릴 보報

낱 잘못【誤】 알림【報】.
교 사실과 다르게 잘못 전한 소식.
예 동해에 상어가 나타났다는 기사는 오보로 밝혀졌다.

열애설은 결국 오보였군요!

가래떡은 열애설 때문에 떨어진 인기를
되살리고자 새 음반을 발표했어.
그리고 신곡을 '홍보'하기 위해 최선을 다했지.
홍보는 어떤 사실이나 제품 등을 널리 알리는 것이란다.

넓을 홍弘 알릴 보報

홍보

낱 널리【弘】 알림【報】.
교 어떤 사실이나 제품 등을 널리 알리는 것.
예 영화를 홍보하려고 외국 배우가 우리나라에 왔다.

빈칸에 알맞은 낱말을 〈보기〉에서 골라 써 보세요.

〈보기〉 오보, 홍보, 정보

- 외국에 우리나라를 ❶ ______ 할 관광포스터를 제작하였다.
- 강석이는 곤충에 관한 ❷ ______ 를 찾기 위해 백과사전을 보았다.
- 유명 배우가 결혼했다는 신문 기사는 ❸ ______ 로 밝혀졌다.

한자가
술술

한자의 뜻과 유래에 대한 설명을 읽고, 한자를 익혀 보세요.

報

준4급

갚을, 알릴 보

총 12획 | 부수 土, 9획

흥부네 앞마당에 다리 부러진 제비가 떨어졌어.
제비는 너무 아파 무릎을 꿇은 채 꼼짝도 못했지.
다행히【幸】 흥부가 무릎 꿇은【卩】 제비를 손【又】으로
정성스럽게 고쳐 주었어. 제비는 흥부의 은혜를 꼭 갚고,
흥부의 착한 마음씨를 세상에 널리 알리기로 결심했단다.

한자 암기카드

❶ 다행히【幸】
❷ 무릎 꿇은【卩】 제비를
❸ 손【又】으로 고치면 은혜를 갚고 널리 알리니

다행히【幸】 무릎 꿇은【卩】 제비를 손【又】으로 고치면 은혜를 갚고 널리 알리니, 갚을 보, 알릴 보.

幸	+	卩	+	又	=	報
다행 행		무릎 꿇을 절		오른손 우		갚을 보, 알릴 보

다리가 다 나은 제비는 박 씨를 물어다 흥부에게 주었어.
그 씨가 무럭무럭 자라 큰 박이 되었지.
흥부가 박을 타니 그 속에서 금은보화가 가득
쏟아져 나왔어. 제비가 흥부의 은혜에 '보답'한 거야.

갚을 보 報
응답할 답 答
보답

낱 갚아서【報】 응답【答】함.
교 남이 베푼 은혜나 고마움을 갚는 것.
예 훌륭한 사람이 되어 부모님 은혜에 보답하겠습니다.

'한자 암기카드'를 보고 빈칸에 들어갈 말을 써 보세요.

❶ ○○○【幸】 ❷ ○○ ○○【卩】 제비를 ❸ ○【又】으로 고치면 은혜를 갚고 널리 알리니,
갚을 보, 알릴 보(報). 報의 뜻은 갚다, 알리다이고, 음은 ❹ ○ 입니다.

報의 어원을 생각하면서 필순에 따라 써 보세요.

報 報 報 報 報 報 報 報 報 報 報 報

報	報	報	報	報			

다지기

제 2 일차

1 ❶~❸에서 이어진 길을 따라가면 두 글자로 된 낱말이 완성됩니다. 그 낱말을 알맞은 뜻과 이으세요.

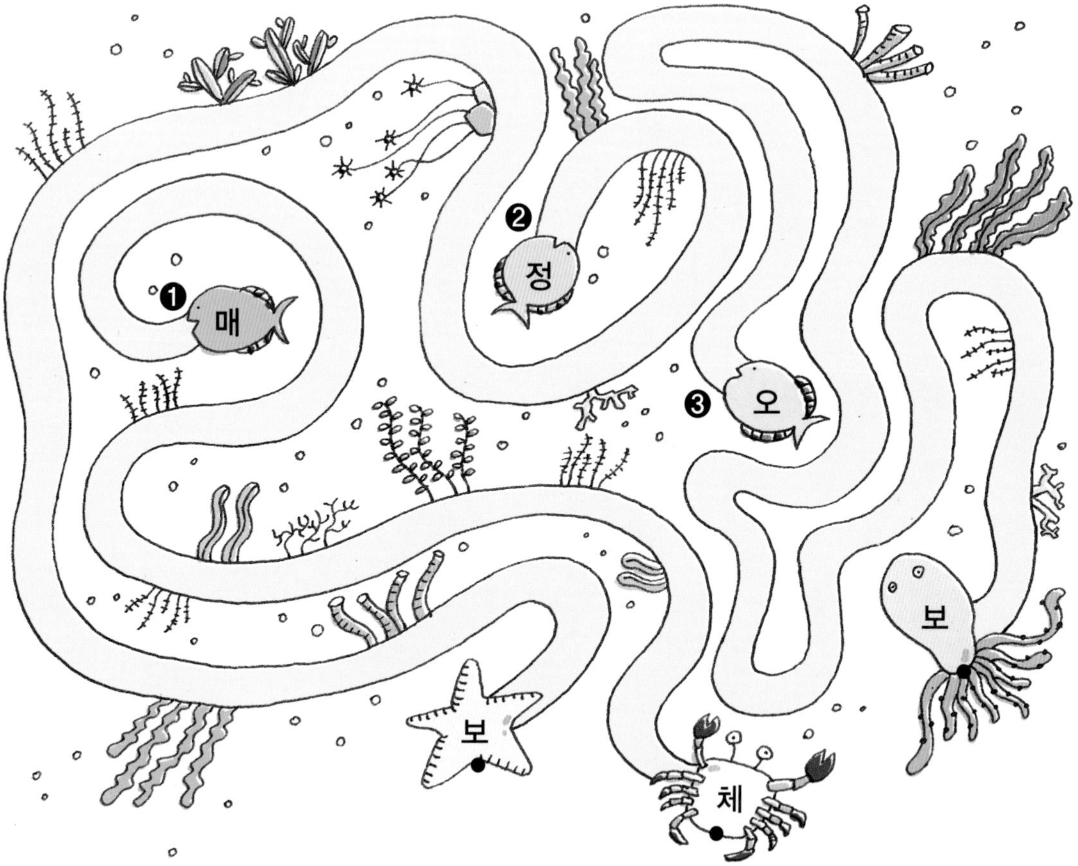

❶ 매

❷ 정

❸ 오

보

보

체

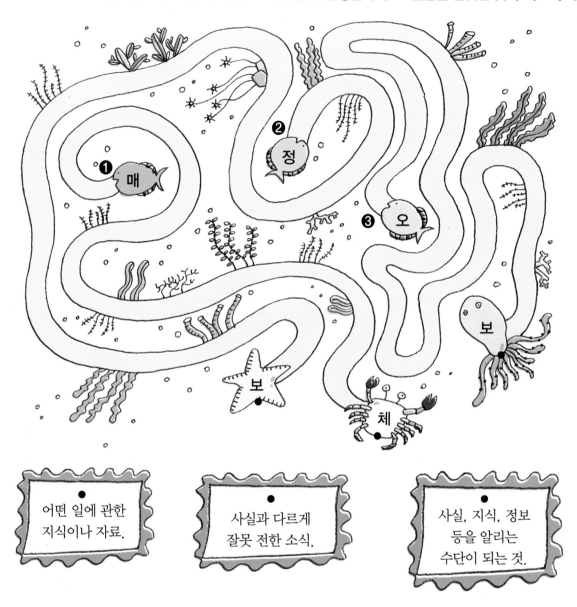

어떤 일에 관한 지식이나 자료.

사실과 다르게 잘못 전한 소식.

사실, 지식, 정보 등을 알리는 수단이 되는 것.

완성된 세 낱말은 매체, 정보, 오보입니다.

2 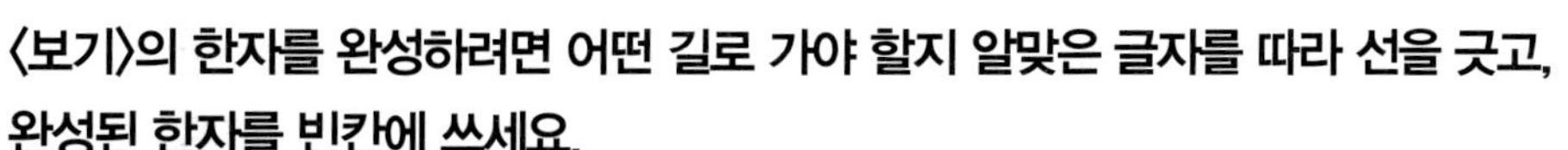
〈보기〉의 한자를 완성하려면 어떤 길로 가야 할지 알맞은 글자를 따라 선을 긋고, 완성된 한자를 빈칸에 쓰세요.

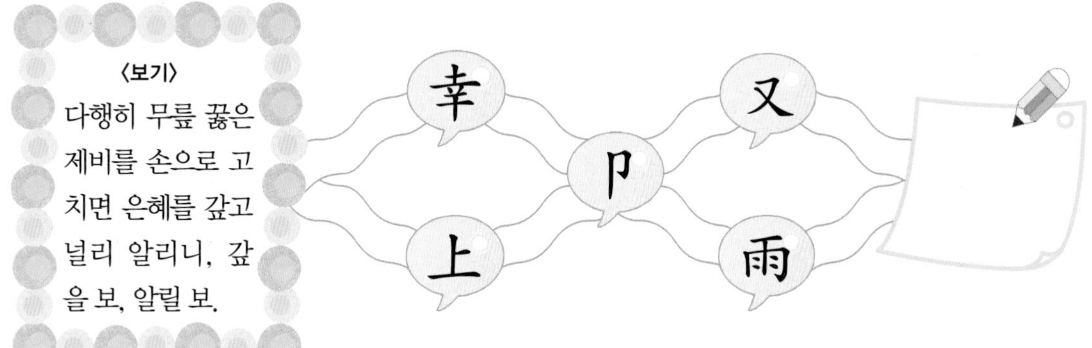
〈보기〉
다행히 무릎 꿇은 제비를 손으로 고치면 은혜를 갚고 널리 알리니, 갚을 보, 알릴 보.
幸
上
卩
又
雨

깨가 쏟아지다

여봇, 청소 좀 하랬더니
또 누워 있어요?

여기 이불 빨래도
좀 하고욧!
탈 탈
하이고~

쨍알 쨍알
네 엄마
잔소리 또
시작했다.

내가 못 살아,
못 살아!!
아, 바가지 좀
그만 긁어!!

만날 그렇게 큰 소리로 싸우셔서
옆집에 부끄럽다고요.

안녕하세요~.
옆집에 새로 이사 온 찰떡이라고 합니다.
시루떡 좀 드세요.
딩동~♪

아하, 신혼부부가 새로
이사 왔다고 하더니…….

신혼부부면 아주 알콩달콩
깨가 쏟아지겠네.
깨가 쏟아져요?
어디??

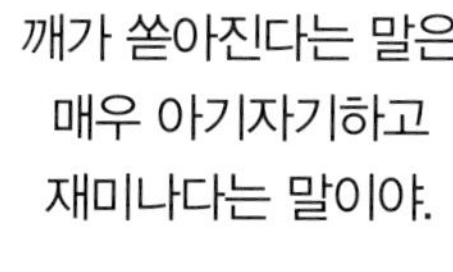
깨가 쏟아진다는 말은
매우 아기자기하고
재미나다는 말이야.

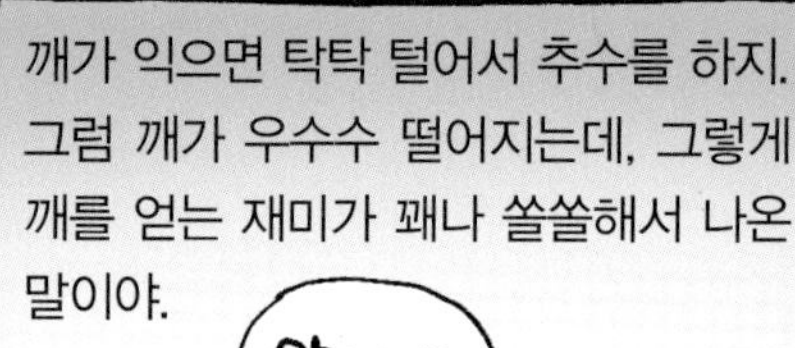
깨가 익으면 탁탁 털어서 추수를 하지. 그럼 깨가 우수수 떨어지는데, 그렇게 깨를 얻는 재미가 꽤나 쏠쏠해서 나온 말이야.

앗싸♫
우수수~

여봇!!
어떻게 나한테 이럴 수가 있어?!
여보.

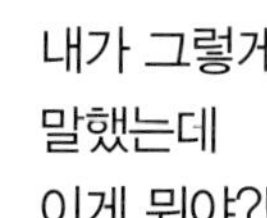
내가 그렇게
말했는데
이게 뭐야?!

이런,
둘 사이가
안 좋나?

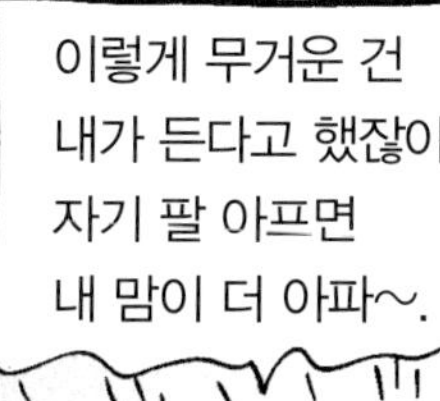
이렇게 무거운 건
내가 든다고 했잖아!
자기 팔 아프면
내 맘이 더 아파~.

아잉~.
몰라, 몰라!

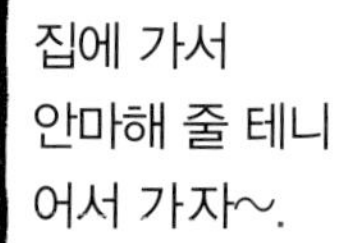
집에 가서
안마해 줄 테니
어서 가자~.

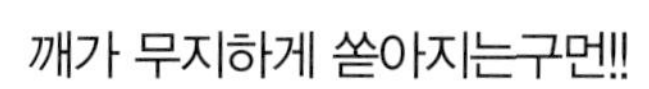
깨가 무지하게 쏟아지는구먼!!
깨 냄새가 진동~

당신이 잔소리만 안 하면
우리도 깨가 쏟아질 텐데.
먼저 당신이 집안일
좀 해 주면 말이죠~.

◑ 글 속의 주황색 낱말들은 무슨 뜻일까요? 잘 생각하면서 다음 글을 읽어 보세요.

제2차 세계 대전이 일어났을 때 많은 병사들이 전쟁에 참가했어요.
그런데 병사들이 모두 사람이었던 것은 아니래요.
수많은 사람의 목숨을 구한 동물 병사들도 있었답니다.
특히 뛰어난 공로를 세운 동물 병사들은 딕킨 메달을 받았어요.
그중에 메달을 가장 많이 받은 건 비둘기였어요. 34마리나 받았답니다.
화이트비전도 딕킨 메달을 받은 용감한 비둘기예요.
1943년 화이트비전이 타고 있던 비행기가 엔진 고장으로 바다에 떨어졌어요.
무전기가 고장 나 조난 신호도 보낼 수 없는 상황이었죠.
이때 화이트비전이 비행기 위치가 적힌 쪽지를 가지고 무려 100킬로미터나 날아가
부대에 사고 소식을 알렸어요. 덕분에 11명의 목숨을 구할 수 있었대요.
화이트비전은 어떻게 바다 한가운데에서 부대를 찾아갔을까요?
그건 모든 비둘기의 머릿속에 가로 2밀리미터, 세로 1밀리미터쯤의 작은 자석이 있기 때문이래요.
머릿속 자석이 나침반이 되어 방향을 찾는 것이지요.
그래서 아주 오랜 옛날부터 비둘기는 편지를 전달하는 새가 될 수 있었던 거예요.
비둘기는 평화를 상징하는 새이기도 해요.
제2차 세계 대전이 끝나고 많은 사람들이 세계 평화를 바랐답니다.
하지만 우리나라와 독일은 분단이 되고 말았어요.
독일은 통일이 되었지만, 우리나라는 아직도 분단국가이지요.
언제쯤이면 우리도 통일이 될 수 있을까요?

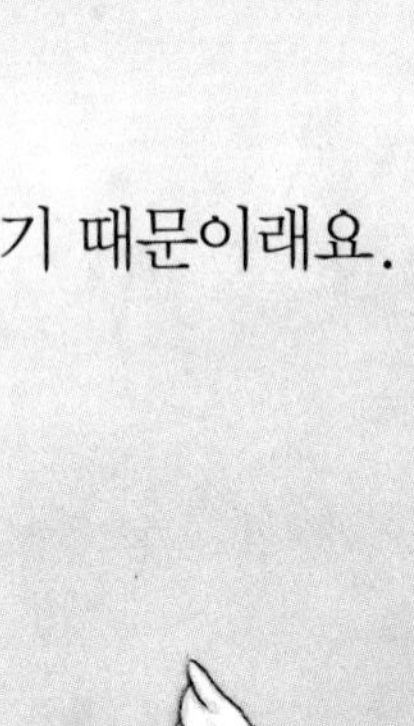

맛보기

◑ **빈칸에 알맞은 낱말을 왼쪽 글의 주황색 낱말 중에서 찾아 써 보세요.**
잘 모를 땐 💡를 보거나, ❶~❸에서 골라 쓰세요.

1 그는 세계 평화를 위해 애쓴 공 로 를 인정받아 큰 상을 받았다.

💡 여러 사람을 위해 애써 이룬 훌륭한 일을 말해요.

❶ 미로　❷ 공로　❸ 난로

2 　　　으로 바닥에 떨어진 바늘을 찾았다.

💡 쇠붙이를 끌어당기는 힘이 있는 물체이지요. 냉장고에 메모지를 붙일 때도 이것을 사용해요.

❶ 자석　❷ 방석　❸ 결석

3 태극기와 무궁화는 우리나라를 　　　해요.

💡 어떤 생각이나 느낌을 눈에 보이는 것으로 나타내는 것이에요.

❶ 상어　❷ 상징　❸ 상담

4 1945년 8월 15일은 우리나라가 해방된 날이자, 제2차 　　　　　이 끝난 날이다.

💡 세계 여러 나라가 함께 벌이는 큰 전쟁이지요. 제2차 ○○ ○○은 1939년에 일어났답니다.

❶ 세계 기록　❷ 세계 여행　❸ 세계 대전

5 우리나라는 세계에서 유일하게 남은 　　　국가입니다.

💡 땅, 나라, 겨레 등을 동강 나게 끊어 가르는 것이지요.

❶ 분단　❷ 분홍　❸ 분필

6 설악산에 갑자기 눈이 많이 내려 등산객들이 　　　을 당했다.

💡 산이나 바다에서 사고를 당하거나 위험에 빠지는 것이에요.

❶ 장난　❷ 가난　❸ 조난

어느 날 집에 갈 수 없게 된다면? 그래서 엄마 아빠를 만날 수 없게 된다면? 절대 생길 수 없는 일이라고? 하지만 1950년 우리나라에 전쟁이 일어나고, 결국 남북한이 갈라져 '분단'이 되었을 때 그런 일을 당한 사람들이 아주 많았단다. 분단은 동강이 나게 끊어 가르는 거야.

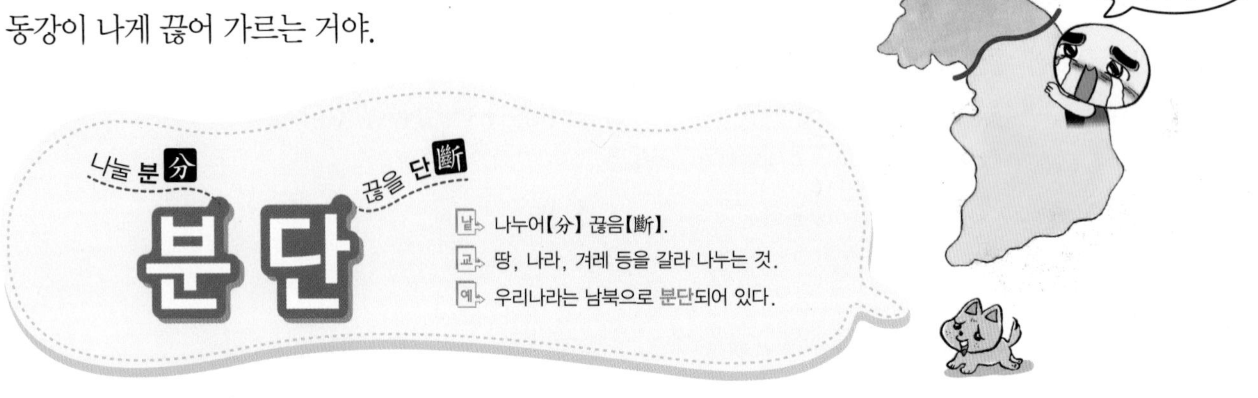

낱 나누어【分】 끊음【斷】.

교 땅, 나라, 겨레 등을 갈라 나누는 것.

예 우리나라는 남북으로 분단되어 있다.

피난을 왔다가 혹은 전쟁에 참가했다가 분단이 되어 고향에 돌아갈 수 없게 된 사람들은 '실향민'이 되어야만 했어. 전쟁, 재해 등으로 고향을 잃은 사람들을 실향민이라고 해.

낱 고향【鄕】을 잃은【失】 백성【民】.

교 전쟁, 재해 등으로 고향을 잃고 다른 곳에서 사는 사람.

예 전쟁으로 실향민들이 많이 생겼다.

실향민 중에는 '혈육'과 헤어져 평생 만나지 못하는 사람들도 많아. 혈육은 피와 살을 나눈 부모 형제를 가리키는 말이야.

낱 교 피【血】와 살【肉】을 나눈 부모 형제.

예 혈육의 정은 끊을 수 없다.

빈칸에 알맞은 낱말을 〈보기〉에서 골라 써 보세요.

〈보기〉 혈육, 분단, 실향민

- 우리 할머니는 평생 고향을 그리워하며 사신 ❶ (　　　) 이시다.
- 그에게 남은 ❷ (　　) 이라고는 남동생 하나뿐이었어.
- 독일은 통일되기 전 동독과 서독으로 ❸ (　　) 되어 있었다.

분단되어 갈 수 없는 땅, 북한에 살고 있는 사람들과 우리는 한 '민족'이란다.
민족은 오랫동안 함께 살아와서 말, 역사 등이 같은 사람들이야.
같은 핏줄을 이어받은 민족을 '겨레'라고 해.

교 오랫동안 함께 살아와서 말, 역사, 문화, 풍습이 같은 사람의 무리.

예 우리 민족은 옛날부터 노래와 춤을 좋아했다.

가로막힌 땅에 살다 보니, 남한과 북한의 사람들은 오랫동안 '단절'되어 있었어.
단절은 관계를 끊는 것을 말해. 단절이 오래 계속되면서
오늘날 남북한은 언어도 문화도 많이 달라졌단다.

교 관계를 끊는 것. 또는 죽 이어지던 것을 중간에 끊는 것.

예 두 나라 사이의 외교가 단절되었다.

그렇다고 통일을 '단념'해선 안 되겠지?
단념은 하려고 마음먹은 일을 그만두는 거야. 남북한이 마음을 열고 함께 행복한 세상을 꿈꾼다면 통일도 머지않을 거야.

이제 그만 절 단념하시라고요!
나가는 뒷모습까지 아름다우시다니깨!

낱 품었던 생각【念】을 끊어【斷】 버림.

교 하려고 마음먹은 일을 그만두는 것.

예 이제 와서 시합을 단념할 수는 없어요.

아아~ 자장면도 먹고 싶고 짬뽕도 먹고 싶고!
항상 저렇게 우유부단하단 말이야!

'단(斷)'에는 '끊다'의 뜻 외에 '결단하다'라는 뜻도 있어.
우물쭈물 망설이면서 딱 잘라 결단하지 못하는 것을 '우유부단'하다고 해.

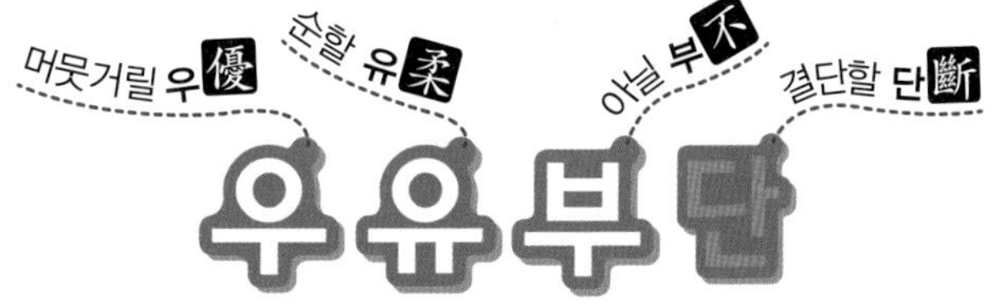

낱 머뭇거리고【優】 성격이 순해서【柔】 결단하지【斷】 못함【不】.

교 우물쭈물 망설이기만 하고 딱 잘라 결단하지 못함.

예 그는 워낙 우유부단해서 무엇이든 쉽게 결정을 내리지 못한다.

쏙쏙 문제

빈칸에 알맞은 낱말을 〈보기〉에서 골라 써 보세요.

〈보기〉 단념, 우유부단, 단절

- 로빈슨 크루소는 바깥세상과 ❶ (　　) 된 채 무인도에서 혼자 살아야만 했다.
- 그는 어떤 어려움이 닥쳐도 ❷ (　　) 을 모르는 사람이었다.
- 그렇게 만날 우물쭈물 망설이니 ❸ (　　) 하다는 소리를 듣지.

한자의 뜻과 유래에 대한 설명을 읽고, 한자를 익혀 보세요.

族

6급

겨레 족

총 11획 | 부수 方, 7획

먼 옛날에는 부족들끼리 전쟁을 자주 벌였어.
전쟁이 나면 같은 부족 사람들끼리 똘똘 뭉쳤단다.
한 장소【方】에 모여 살던 사람【𠂉】들이
화살【矢】을 들고 함께 싸우러 나간 거야.
전쟁에서 이긴 부족은 자손을 많이 낳고
더욱 강해져 큰 겨레가 될 수 있었단다.

한자 암기카드

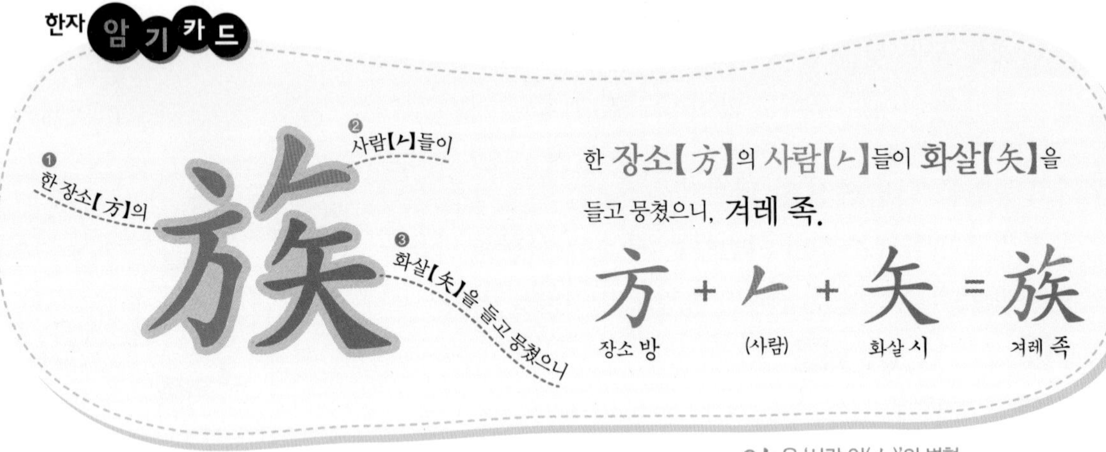

❶ 한 장소【方】의
❷ 사람【𠂉】들이
❸ 화살【矢】을 들고 뭉쳤으니
族
한 장소【方】의 사람【𠂉】들이 화살【矢】을 들고 뭉쳤으니, 겨레 족.
方 + 𠂉 + 矢 = 族
장소 방
(사람)
화살 시
겨레 족

❷𠂉은 '사람 인(人)'의 변형.

矢

3급

화살 시

총 5획 | 부수 矢

화살 모양을 본떠서, 화살 시(矢).
矢는 화살 모양을 본떠서 만든 글자야.
그림을 보면 화살 모양이 어떻게 지금의 矢로
변화해 왔는지 알 수 있겠지?

'한자 암기카드'를 보고 빈칸에 들어갈 말을 써 보세요.

한 ❶ ______【方】의 ❷ ______【𠂉】들이 ❸ ______【矢】을 들고 뭉쳤으니, 겨레 족(族).

族의 뜻은 겨레 이고, 음은 ❹ ___ 입니다.

族의 어원을 생각하면서 필순에 따라 써 보세요.

族 族 族 族 族 族 族 族 族 族 族

族	族	族	族	族			

1 돌담 안에 든 낱말 가운데 ❶~❸의 뜻에 맞는 낱말을 찾아 ◯로 묶고, 빈칸에 낱말을 쓰세요.

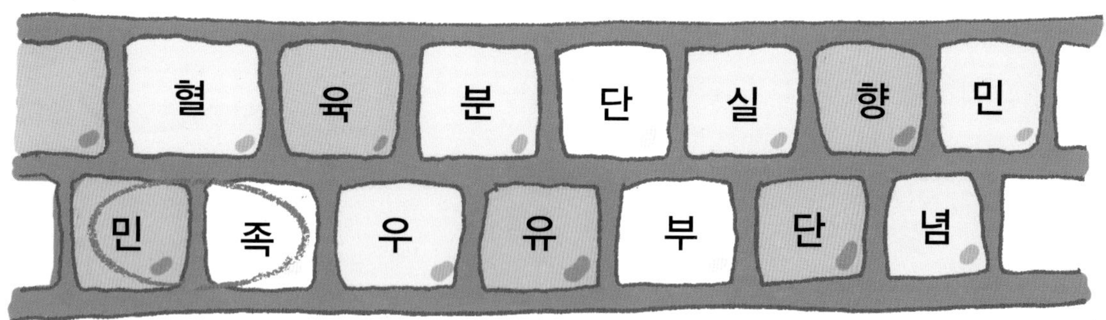

혈
육
분
단
실
향
민
민
족
우
유
부
단
념

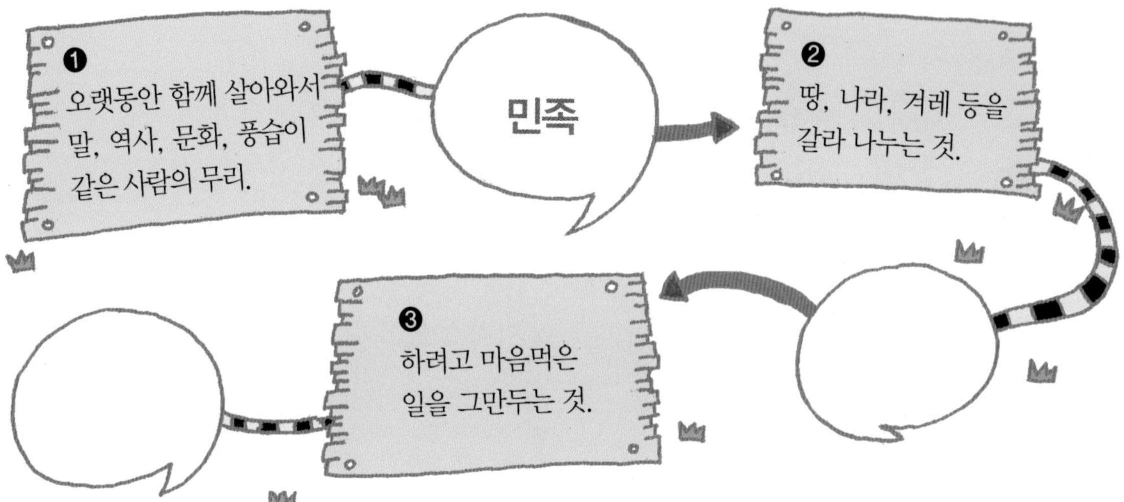

❶
오랫동안 함께 살아와서 말, 역사, 문화, 풍습이 같은 사람의 무리.
민족
❷
땅, 나라, 겨레 등을 갈라 나누는 것.
❸
하려고 마음먹은 일을 그만두는 것.

나란히 붙어 있는 두 글자로 된 낱말이에요.

2 〈보기〉의 한자를 완성하려면 어떤 글자 조각이 필요한지 ❶~❹에서 고르세요.

〈보기〉 한 장소의 사람들이 화살을 들고 뭉쳤으니, 겨레 족.

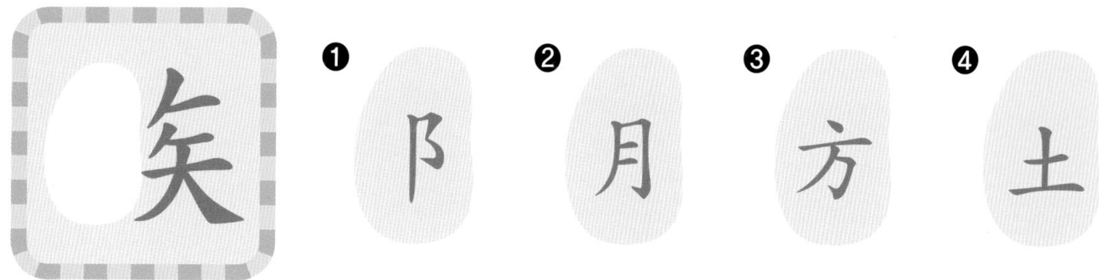

돋보기2 세로 1밀리미터쯤의 작은 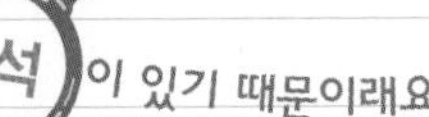 이 있기 때문이래요.

옛날 중국 사람들은 철이 달라붙는 '자석'을 발견하고는 사랑의 돌이라고 불렀어.
자석과 철이 달라붙는 모양이 꼭 사랑하는 사람들이 뽀뽀하는 것 같았기 때문이야.
그러나 자석이 모든 금속을 끌어당기는 건 아니란다.
철로 만든 클립은 자석에 붙지만, 구리 동전이나 알루미늄 캔은 붙지 않아.

자철석.

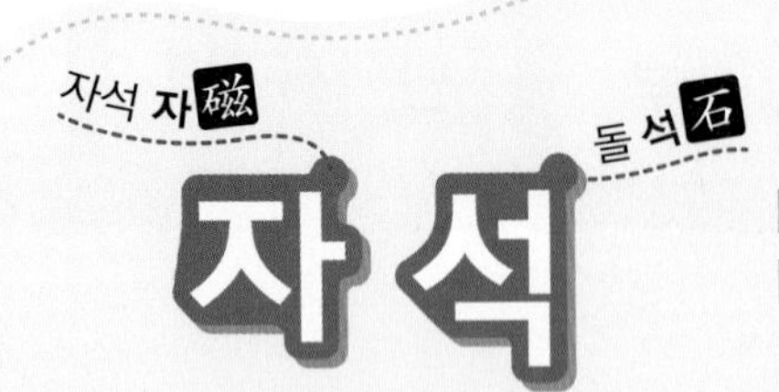

교 철을 끌어당기는 힘이 있는 물체.

예 메모를 써서 냉장고에 자석으로 붙여 놓았다.

자석의 양쪽 끝에는 '극'이 있단다. 극은 자석에서 힘이 가장 센 곳이라서
쇠붙이가 가장 많이 붙지. 끝을 뜻하는 극은 지구의 남극과 북극,
건전지의 양극와 음극을 가리킬 때도 쓰여.
또, 어떤 정도가 더할 수 없을 만큼 막다른 경우를 가리키기도 해.
행복이 극에 달할 때도 오히려 눈물이 나오기도 하지.

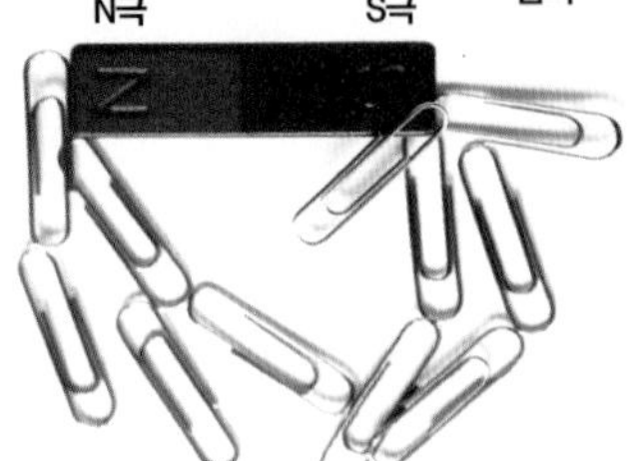

낱 무엇의 끝【極】.

교 ❶ 자석에서 힘이 가장 센 두 곳. N극과 S극이 있다.
❷ 지구 양쪽 끝에 있는 북극과 남극.
❸ 전지에서 전류가 나오고 들어가는 양극과 음극.
❹ 어떤 정도가 더할 수 없을 만큼 막다른 경우.

예 자석은 같은 극끼리 서로 밀어낸다.

N극은 영어의 North(북쪽)에서, S극은 South(남쪽)에서 첫 글자를 따온 거야.

자석을 물에 띄우거나 실로 공중에 매달면 항상 남쪽과 북쪽을 가리켜.
이때 북쪽을 가리키는 부분을 'N극(엔극, 북극)',
남쪽을 가리키는 부분을 'S극(에스극, 남극)'이라고 해.
이 원리를 이용해 만든 것이 바로 나침반이야.

나침반.

빈칸에 알맞은 낱말을 〈보기〉에서 골라 써 보세요.

〈보기〉 자석, 극

• 그는 지금 분노가 ❶ ( ) 에 달해서 제정신이 아니야.

• 철로 만든 캔은 ❷ ( ) 에 붙지만, 알루미늄으로 만든 캔은 붙지 않는다.

자석이 쇠붙이를 끌어당기는 힘, 혹은 자석끼리 서로 끌어당기거나 밀어내는 힘을 '자기력'이라고 해. 자석의 같은 극끼리는 서로 밀어내고, 다른 극끼리는 끌어당긴단다.

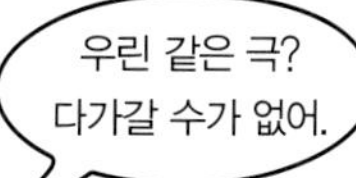

우린 같은 극?
다가갈 수가 없어.

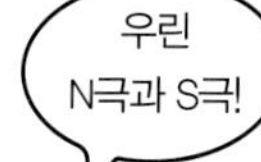

우린
N극과 S극!

낱 자석【磁】의 기운【氣】이 가지는 힘【力】.

교 자석이 쇠붙이를 끌어당기거나, 자석끼리 서로 밀어내고 당기는 힘.

예 자석의 극은 자기력이 가장 센 곳이다.

자기력을 좀 더 자세히 관찰하고 싶니? 도화지 아래에 자석을 놓고, 도화지 위에 철가루를 솔솔 뿌린 후 가볍게 톡톡 두드려 봐. 철가루가 자기력에 의해 늘어선 것을 볼 수 있을 거야. 이 선을 '자기력선'이라고 해. 자기력선이 생기는 공간, 즉 자석의 힘이 미치는 공간을 '자기장'이라고 한단다.

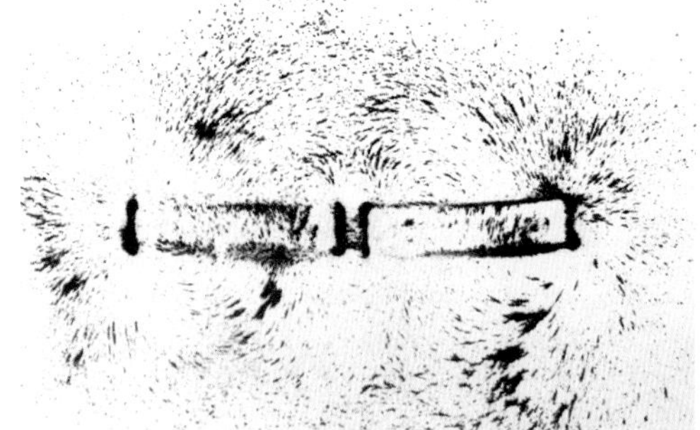
자기력선.

낱 자석【磁】의 기운【氣】이 미치는 마당【場】.

교 자석의 힘이 미치는 공간. 자기 마당이라고도 함.

예 자기장 밖에 있는 압정은 자석에 붙지 않는다.

이번엔 클립을 자석처럼 만들어 볼까? 자석으로 여러 번 문지른 클립을 다른 클립에 갖다 대면 클립이 달라붙는 걸 볼 수 있어. 이처럼 자석이 아닌 물체가 자석의 성질을 가지게 되는 것을 '자화'라고 해. 하지만 시간이 지나거나 충격을 가하면 자석의 성질은 다시 없어진단다.

낱 자석【磁】이 됨【化】.

교 자석이 아닌 물체가 자기장 안에서 자석 같은 성질을 띠는 것.

예 쇠못을 자석으로 문질렀더니 자화되었다.

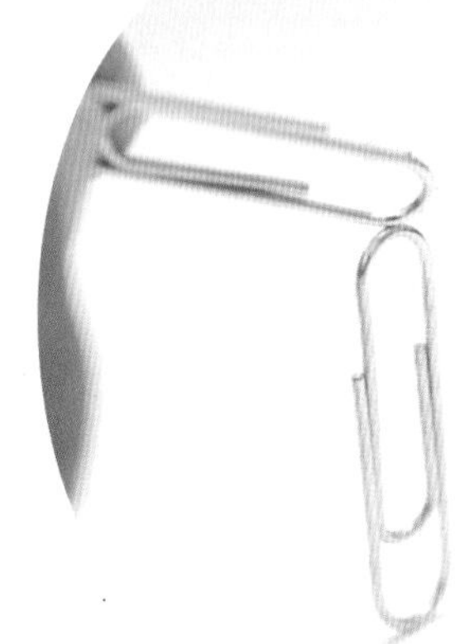
자화된 클립.

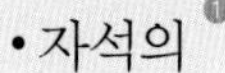

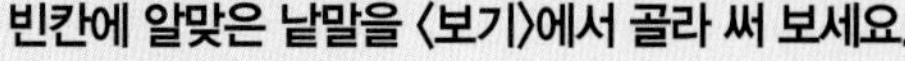

빈칸에 알맞은 낱말을 〈보기〉에서 골라 써 보세요.

〈보기〉 자화, 자기력, 자기장

- 자석의 ❶ ______ 안에 있어야만 클립이 자석에 달라붙는다.
- 자석으로 문질러 ❷ ______ 된 바늘에는 철가루가 붙는다.
- 자석이 철로 된 물질을 끌어당기는 힘을 ❸ ______ 이라고 해.

한자의 뜻과 유래에 대한 설명을 읽고, 한자를 익혀 보세요.

石

6급

돌 석

총 5획 | 부수 石

언덕【ア】이나 산에 가면 돌【口】을 많이 볼 수 있어.
돌은 때로는 우리가 앉아 쉴 수 있는 의자가 되기도 하고,
산에 쉽게 올라갈 수 있는 계단이 되기도 하지.

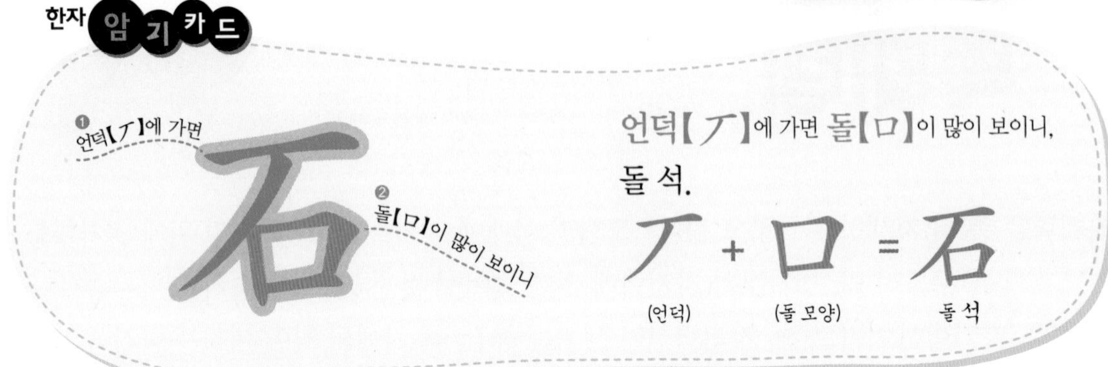

한자 암기카드
❶ 언덕【ア】에 가면
石
❷ 돌【口】이 많이 보이니
언덕【ア】에 가면 돌【口】이 많이 보이니,
돌 석.
ア + 口 = 石
(언덕) (돌 모양) 돌 석

❶ ア을 여기서는 '언덕 엄(厂)'의 변형이라고 봄.
❷ 口는 '입 구'이나 여기서는 '돌 모양'이라고 봄.

사냥꾼이 새를 잡기 위해 돌을 하나 던졌어.
그런데 운 좋게도 한꺼번에 새 두 마리를 잡았지 뭐야.
이렇듯 한 가지 일로 동시에 두 가지 이익을 얻는 것을 '일석이조'라고 해.

할머니 음식은
맛도 좋고 몸에도 좋은
일석이조 음식이에요.
맛있어요!
최고!
하나 일 一
돌 석 石
둘 이 二
새 조 鳥
일석이조

낱 하나【一】의 돌【石】로 두【二】 마리의 새【鳥】를 잡는다.
교 한 가지 일을 해서 두 가지 이익을 얻는 것.
예 삼촌은 축구가 재미도 있고 건강에도 좋으니 일석이조래요.

'한자 암기카드'를 보고 빈칸에 들어갈 말을 써 보세요.

❶ ( )【ア】에 가면 ❷ ( )【口】이 많이 보이니, 돌 석(石).

石의 뜻은 (돌)이고, 음은 ❸ ( ) 입니다.

石의 어원을 생각하면서 필순에 따라 써 보세요.

石 石 石 石 石

石	石	石	石	石			

1

마법의 나무에 글자 과일이 주렁주렁 열렸어요. 아래 문장 속 빈칸에 들어갈 낱말을 글자 과일에서 찾아 바른 순서대로 쓰세요.

❶ 자석끼리 서로 끌어당기거나 밀어내는 힘을 (　　　) 이라고 해.

❷ 철로 만든 클립은 (　　) 에 잘 붙는다.

❸ 자석은 같은 (　) 끼리 서로 밀어낸다.

2

石의 뜻이 바르게 적힌 것을 ❶~❹에서 골라 ◯표 하세요.

8 월 7 일 금요일

'아기'가 맞아.

나는 보들이가 없으면 잠을 못 잔다. 보들이는 내가 애기

'덮고'라고 써야 한단다.

였을 때부터 덥고 자던 이불이다. 지금은 다 헤어져서 너덜

'해어져서'라고 써야 해.

너덜하지만 난 그래도 보들이가 좋다. 자리에 누어서 보들

'누워서'로 써야 옳단다.

이를 껴안고 있으면 스르르 잠이 온다.

*이 글은 초등학교 3학년 어린이가 쓴 일기입니다.

옷은 '해어지고', 친구들과 '헤어지고'

옷이나 천이 닳아서 떨어졌을 때에는
'헤어지다'가 아니라 '해어지다'라고 써야 해.
'해어진 옷'이나 '해어진 신발'처럼 말이야.
'헤어지다'는 모여 있던 사람들이
따로따로 흩어질 때 쓰는 표현이란다.

헤어지다

- 모여 있던 사람들이 따로따로 흩어지다.
  - 예 나는 일행과 헤어져 집으로 왔다.
- 사귐이나 맺은 정을 끊고 갈라서다.
  - 예 남자친구와 싸운 뒤 우리는 헤어지기로 했다.

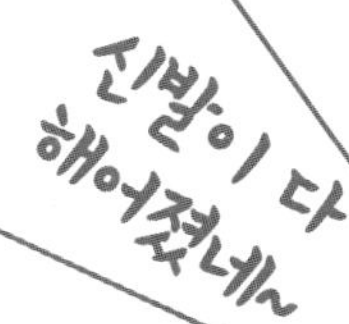

이제는 우리가
헤어져야 할 시간~

해어지다

- 닳아서 떨어지다.
  - 예 편지 봉투가 너덜너덜하게 해어져 있었다.

1 아래 문장의 빈칸에 들어갈 낱말을 우산에서 찾아 바른 순서대로 쓰세요.

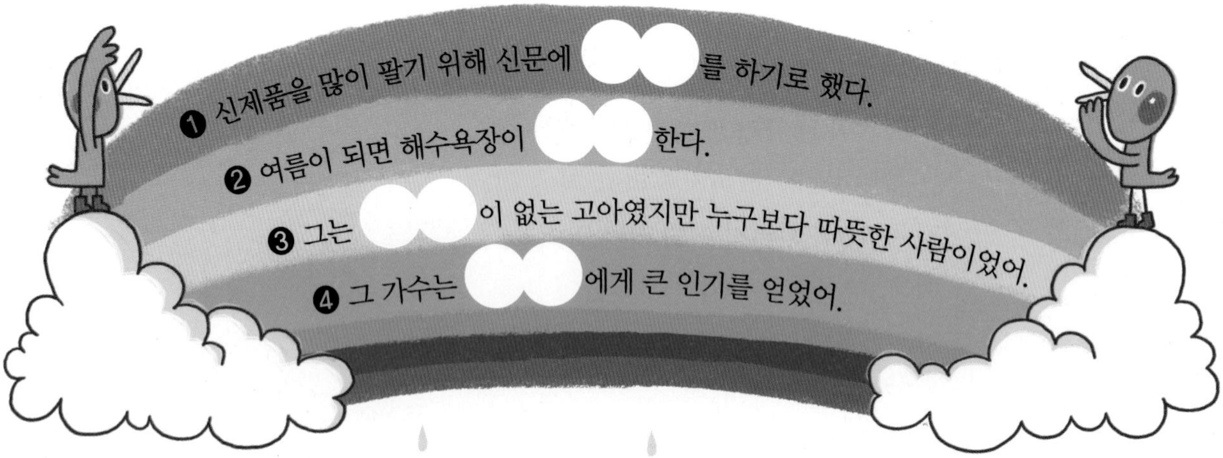

❶ 신제품을 많이 팔기 위해 신문에 ◯◯를 하기로 했다.

❷ 여름이 되면 해수욕장이 ◯◯한다.

❸ 그는 ◯◯이 없는 고아였지만 누구보다 따뜻한 사람이었어.

❹ 그 가수는 ◯◯에게 큰 인기를 얻었어.

개 광 혈 대

중 육 고 장

2 왼쪽에 음뜻이 주어진 한자를 오른쪽 빈칸에 쓰세요.

方
𠂉
矢
한 장소의 사람들이 화살을 들고 뭉쳤으니, 겨레 족.
겨레 족

구름 속 글자들을 더하면 한자의 모양을 알 수 있어요.

3

❶~❸에서 사다리를 타면 같은 색의 빈칸이 나와요.
❶~❸의 뜻에 맞는 낱말이 되도록 빈칸에 알맞은 글자를 쓰세요.

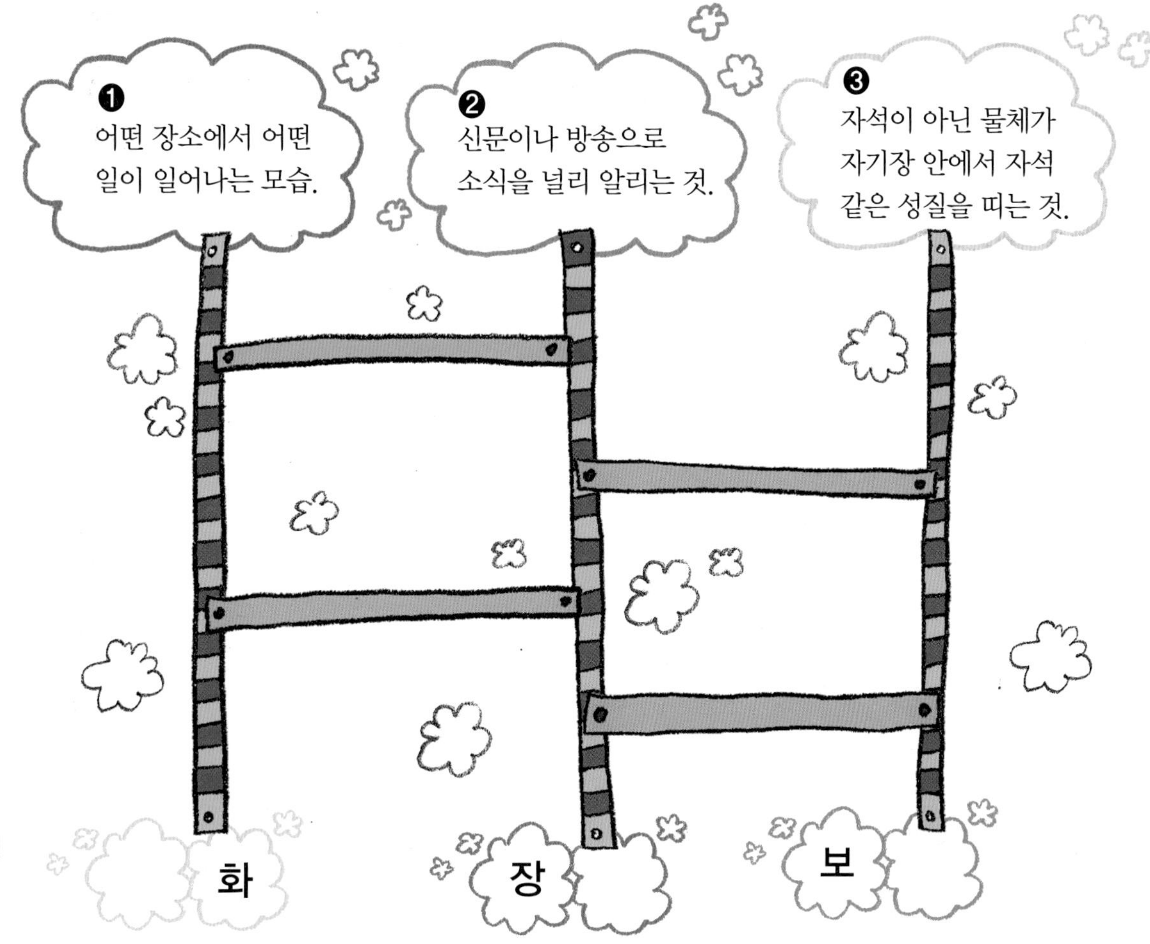

사다리 타기가 어려우면 같은 색의 빈칸을 찾아가세요.

4

〈보기〉에 맞는 한자를 음식에서 찾아 ◯표 하세요.

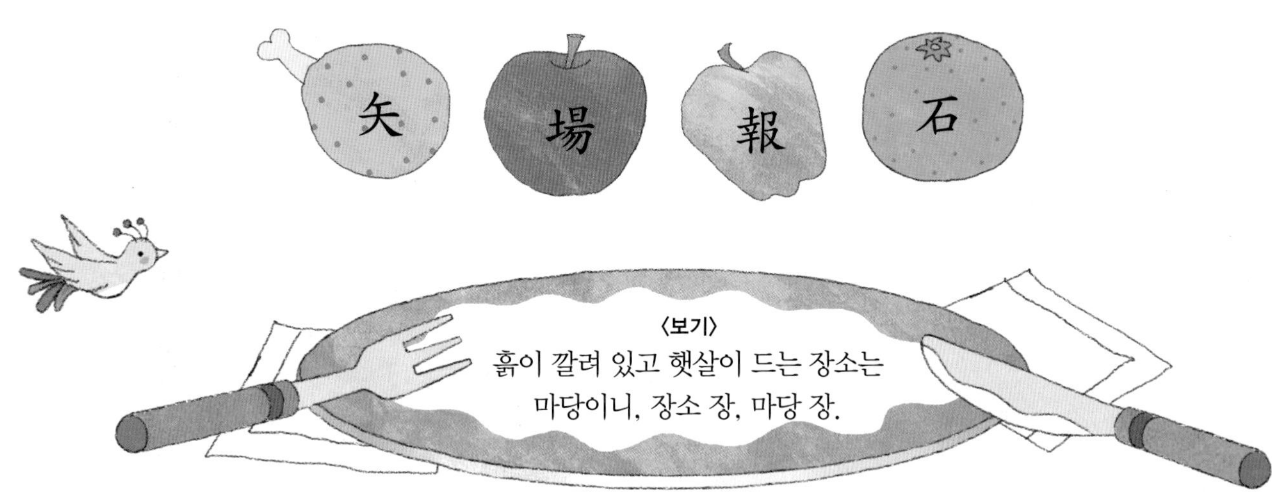

矢
場
報
石
〈보기〉
흙이 깔려 있고 햇살이 드는 장소는
마당이니, 장소 장, 마당 장.

평가 문제

1~2 〈보기〉의 뜻에 알맞은 낱말을 고르세요.

1. 〈보기〉 책, 신문, 텔레비전처럼 사실, 지식, 정보 등을 알리는 수단이 되는 것. (   )

❶ 대중 ❷ 오보 ❸ 매체
❹ 홍보 ❺ 극장

2. 〈보기〉 땅, 나라, 겨레 등을 갈라 나누는 것. 우리나라는 ○○국가이다. (   )

❶ 혈육 ❷ 광고 ❸ 단념
❹ 개방 ❺ 분단

3~4 다음 글을 읽고 물음에 답하세요.

우리 고모는 소설가야. 고모 소설에는 항상 정의의 편에 선 주인공과 나쁜 짓을 일삼는 악당이 나와. 처음엔 악당들이 여기저기서 싸움을 벌여 ㉠**아수라장**을 만들지. 하지만 주인공이 멋지게 (㉡)해 악당들을 물리친단다. 내가 가장 좋아하는 (㉢)은 주인공이 하늘을 날아와 어린이들을 구하는 순간이야.

3. ㉠의 뜻으로 바른 것을 고르세요. (   )

❶ 연극, 영화, 음악회 따위를 볼 수 있는 건물.
❷ 싸움이 나거나 이것저것 뒤섞여서 몹시 어지러운 곳.
❸ 공연, 영화, 그림 따위를 구경하는 사람.
❹ 신문이나 방송으로 소식을 널리 알리는 것.
❺ 어떤 일에 관한 지식이나 자료.

4. ㉡과 ㉢에 해당하는 낱말이 바르게 연결된 것을 고르세요. (   )

❶ ㉡등장 ㉢장면 ❷ ㉡오보 ㉢등장 ❸ ㉡대중 ㉢장면
❹ ㉡개장 ㉢퇴장 ❺ ㉡장면 ㉢등장

5~8 빈칸에 들어갈 낱말을 〈보기〉에서 골라 쓰세요.

〈보기〉 자기력, 실향민, 단절, 자화

5. 평양이 고향인 우리 할머니는 전쟁 때 피난을 왔다가 (　　　　)이 되셨다.

6. 자석으로 클립을 여러 번 문지르면 클립이 자석의 성질을 갖게 되는데, 이를 (　　　　)라고 한다.

7. 친구들과 대화를 (　　　　)하고 산다는 건 상상할 수 없는 일이야.

8. 자석이 쇠붙이를 끌어당기거나, 자석끼리 서로 밀어내고 당기는 힘을 (　　　　)이라고 해.

9~10 다음 글을 읽고 물음에 답하세요.

(가) 영화 〈떡 마을 경사 났네〉가 지난 8일 개봉하였습니다. 출연 배우들이 극장에서 직접 관객들을 만나는 등 (㉠) 활동을 열심히 하고 있다고 합니다. 이에 힘입어 영화 개봉 일주일 만에 100만 명의 관객을 모아 흥행에 성공했습니다.

(나) 그의 감정은 ㉡극과 극을 달려 항상 흥분해 있는 것처럼 보인다. 어떤 때는 미친 듯이 웃어 대고, 또 어떤 때는 하루 종일 울기만 한다.

9. ㉠에 들어갈 알맞은 말을 고르세요. (　　　　)

❶ 보도　　❷ 정보　　❸ 민족
❹ 홍보　　❺ 폐장

10. 다음 중 ㉡과 같은 뜻으로 쓰인 것을 고르세요. (　　　　)

❶ 건전지를 넣을 땐 양극과 음극을 잘 구분해야 해.
❷ 그는 기쁜 감정이 극에 달해 펄쩍펄쩍 뛰기까지 했다.
❸ 자석의 양쪽 끝에는 극이 있다.
❹ 지구의 양쪽 끝에 있는 남극과 북극은 몹시 춥다.
❺ 자석의 극에 쇠붙이가 가장 많이 붙는다.

만화를 살아서 움직이게 하는 것, 애니메이션!

만화 영화를 영어로 애니메이션animation이라고 해.
그런데 만화책 속의 등장인물들은 움직이지 않는데
만화 영화 속의 인물들은 어떻게 살아 있는 것처럼 움직이는지
궁금하지 않았니?
애니메이션animation은 등장인물들의 움직임을 순서대로 하나씩 그려서 촬영한 뒤에
그것을 죽 이어서 연속적으로 보여 주는 거란다.
그러면 등장인물이 마치 살아서 움직이는 것처럼 보이게 돼.

애니메이션animation은 **animate**에 **-tion**이 붙어 만들어진 단어야.
animate는 '생명을 불어넣다', '생기를 주다'라는 뜻인데,
-tion을 붙여 '애니메이션animation'이 되면 '생기를 주는 일'이란 뜻이 된단다.
이 뜻이 만화에 적용되면 '살아 움직이는 만화', 즉 '만화 영화'가 되는 거야.
선뜻 이해가 가지 않으면 다음의 예를 보렴.
-tion을 단어 뒤에 붙이면 ~하는 일이란 뜻이 된다는 걸 금방 알 수 있을 거야.

informa**tion**

백화점 1층에는 위치를 알려 주는 장소인 안내소information desk가 있어. 알려 주다inform에 **-tion**을 붙이면 '알려 주는 일', 혹은 '정보information'가 된단다.

transla**tion**

다른 나라 책은 우리나라 글로 옮겨야 읽을 수 있겠지? 다른 나라 글로 옮기다translate에 **-tion**을 붙이면 '다른 나라 글로 옮기는 일', 즉 '번역translation'이 된단다.

produc**tion**

만들어 내다product에 **-tion**을 붙여 봐. '만들어 내는 일', '생산production'이란 단어가 된단다.

concentra**tion**

'집중concentration'은 집중하다concentrate에 **-tion**을 붙여 만들어진 단어야.

콕콕 정답

제1일차

05쪽 1. 섬유질 2. 매체 3. 모성애
4. 장면 5. 증거 6. 발사

06쪽 ❶ 장면 ❷ 등장 ❸ 관객

07쪽 ❶ 아수라장 ❷ 극장 ❸ 개장

08쪽 ❶ 흙 ❷ 햇살 ❸ 장

09쪽

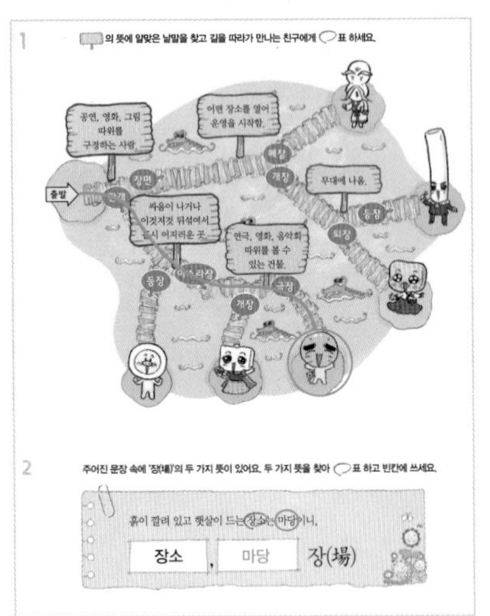

제2일차

10쪽 ❶ 광고 ❷ 매체 ❸ 대중

11쪽 ❶ 홍보 ❷ 정보 ❸ 오보

12쪽 ❶ 다행히 ❷ 무릎 꿇은 ❸ 손
❹ 보

13쪽

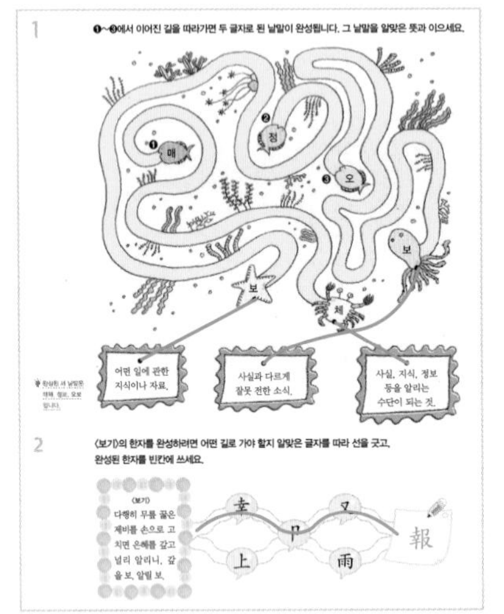

제3일차

17쪽 1. 공로 2. 자석 3. 상징
4. 세계 대전 5. 분단 6. 조난

18쪽 ❶ 실향민 ❷ 혈육 ❸ 분단

19쪽 ❶ 단절 ❷ 단념 ❸ 우유부단

20쪽 ❶ 장소 ❷ 사람 ❸ 화살 ❹ 족

21쪽

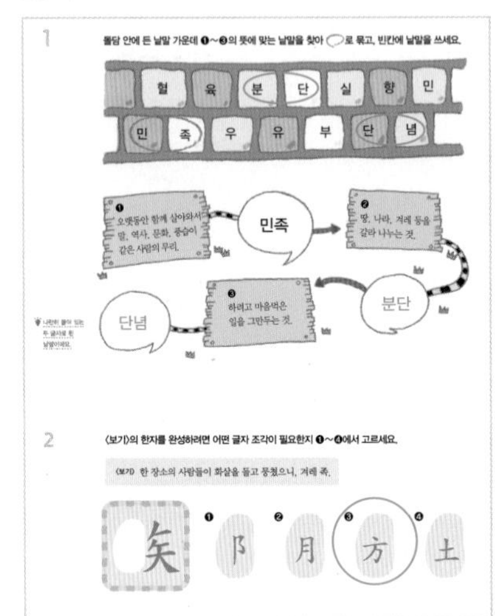

제4일차

22쪽 ❶ 극 ❷ 자석

23쪽 ❶ 자기장 ❷ 자화 ❸ 자기력

24쪽 ❶ 언덕 ❷ 돌 ❸ 석

25쪽

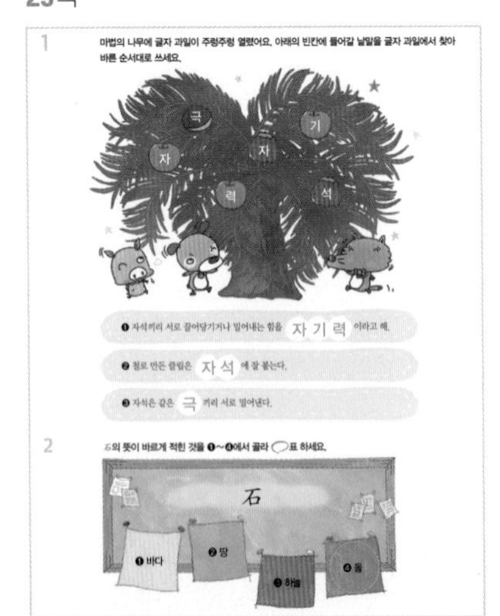

제5일차

도전! 어휘왕

28-29쪽

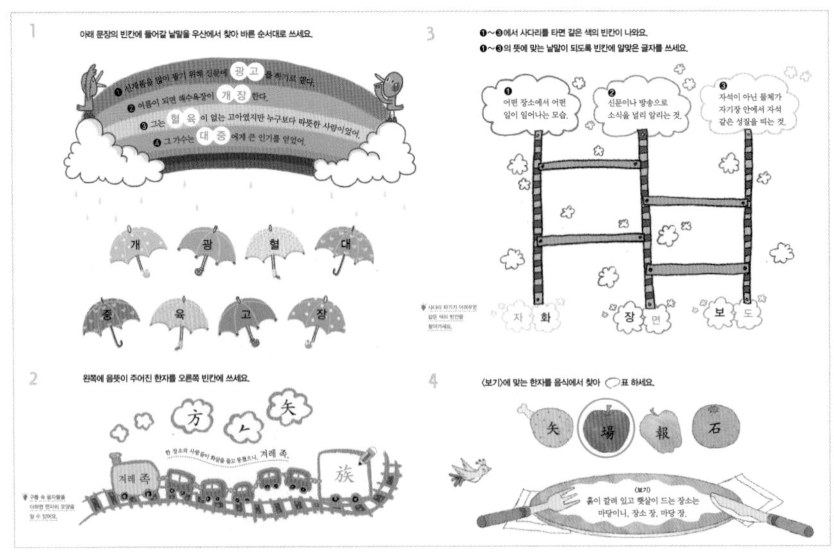

평가 문제

30-31쪽 1. ❸ 2. ❺ 3. ❷ 4. ❶ 5. 실향민
6. 자화 7. 단절 8. 자기력 9. ❹ 10. ❷

은혜와 관련된 사자성어

은혜는 다른 사람이 내게 고마운 일을 해 준 것을 뜻해.
어버이 은혜도 있고, 스승의 은혜도 있지.
옛사람들은 이렇게 은혜를 받으면 다시 갚아야 한다고 가르쳤어.
사자성어에 담긴 그 가르침을 배워 볼까?

반포지효(反哺之孝) 까마귀 새끼가 자라서 늙은 어미에게 먹이를 물어다 주는 효(孝)라는 뜻이야. 까마귀가 새끼일 때에는 어미가 새끼를 먹여 살리지만, 새끼가 다 자란 뒤에는 늙은 어미에게 먹이를 물어다 준다고 해. 이렇게 까마귀가 어미를 되먹이는 습성을 반포(反哺)라고 한단다. 그래서 반포지효(反哺之孝)란 자식이 자란 후에 어버이의 은혜를 갚는 효성을 이르는 말이란다.

예) 부모를 **반포지효**로 모시는 것은 자식의 마땅한 도리이다.

각골난망(刻骨難忘) 남에게 입은 은혜가 뼈【骨】에 새길【刻】 만큼 커서 잊히지【忘】 아니함【難】을 이르는 말이야. 죽어서 백골이 되어서도 그 은혜를 잊기 어렵다는 백골난망(白骨難忘)이나 죽어서라도 은혜를 갚는다는 결초보은(結草報恩)과 비슷한 사자성어이지.

예) 그동안 저희를 보살펴 주신 선생님의 은혜는 실로 **각골난망**입니다.

백골난망(白骨難忘) 죽어서 백골(白骨)이 되어도 잊기【忘】 어렵다【難】는 뜻으로, 남에게 큰 은혜를 입었을 때 고마움의 뜻으로 이르는 말이야. 각골난망(刻骨難忘)과 비슷한 의미를 담고 있어.

예) 이리도 잘 보살펴 주시니 그 은혜가 **백골난망**이로소이다.

난익지은(卵翼之恩) 알【卵】을 까서 날개【翼】로 품어 준 은혜【恩】란 뜻으로, 자기를 낳아 길러 준 어버이의 은혜를 일컫는 말이야.

예) 부모님의 **난익지은**은 하늘처럼 높고 바다처럼 깊다.

배은망덕(背恩忘德) 남에게 입은 은혜【恩】를 배반【背】하고 그 덕(德)을 잊는다【忘】는 뜻으로, 다른 사람이 베푼 은혜에 배신하는 행동이나 태도를 가리킬 때 쓰는 말이야.

예) 그 같은 **배은망덕**을 저지르고서 다시 나를 찾아오다니 기가 찰 노릇이다.

천은망극(天恩罔極) 하늘【天】의 은혜【恩】가 끝【極】이 없다【罔】는 뜻으로, 임금의 은혜가 한없이 두터움을 이르는 말이야.

예) 전하, **천은망극**하여 몸 둘 바를 모르겠사옵니다.

마법의 상위권 어휘 스스로 평가표

01

다음 중 뜻을 자신 있게 말할 수 있는 낱말은 ○표, 알쏭달쏭한 낱말은 △표, 자신 없는 낱말은 ×표 하세요.

장면 (　　) | 매체 (　　) | 분단 (　　) | 자석 (　　)

02

다음 중 뜻과 음을 자신 있게 말할 수 있는 한자는 ○표, 알쏭달쏭한 한자는 △표, 자신 없는 한자는 ×표 하세요.

場 (　　) | 報 (　　) | 族 (　　) | 石 (　　)

03

〈평가 문제〉를 모두 풀고 정답을 확인해 보세요. 10문항 중 내가 맞힌 문항 수는 몇 개인가요?

❶ 9-10문항 (　　) | ❷ 7-8문항 (　　) | ❸ 5-6문항 (　　) | ❹ 3-4문항 (　　) | ❺ 1-2문항 (　　)

| 부모님과 선생님께 |

위에서 어린이가 스스로 적은 내용을 보고, 어린이가 어려워하는 부분을 함께 보면서 어휘의 뜻과 쓰임을 이해할 수 있도록 해 주세요.

초등 3-2 단계

어휘를 알아야 만점을 잡는다!

스토리텔링식 신교과서 학습을 위한
마법의
상위권
어휘
제 3 호

어휘가 쑥쑥 자라요.

부모님과 선생님께서는 이렇게 지도해 주세요

제 1 일차	제 2 일차	제 3 일차	제 4 일차	제 5 일차
짜증 잘 내는 코끼리 이야기를 읽고, 대표 어휘 '조국'과 한자 '祖'를 익힙니다. '조국'에서 확장된 여러 낱말의 뜻을 스스로 추론해 보도록 지도해 주세요.	대표 어휘 '원인'의 뜻과 한자 '因'을 익히고, 관계있는 낱말도 함께 익힙니다. 다지기 문제를 풀어 보고, '천 냥 빚도 말로 갚는다'라는 속담도 알려 주세요.	욕심 많은 진시황 이야기를 읽고, 대표 어휘 '사신'과 '使'를 익힙니다. '사신'에서 확장된 여러 낱말의 뜻을 스스로 추론해 보도록 지도해 주세요.	대표 어휘 '수단'의 뜻과 한자 '法'을 익히고, 관계있는 낱말도 함께 익힙니다. 다지기 문제를 풀어 보고, '햇빛'과 '햇볕'을 구별하여 쓸 수 있도록 해 주세요.	재미있는 게임 문제와 학교 시험 유형의 평가 문제를 풀며 어휘 실력을 다집니다. '센티미터(centimeter)'와 구성 원리가 비슷한 영어 단어들도 함께 익히도록 해 주세요.

이런 내용을 배워요!

400년 전 타이의 나레수안 왕은
조국을 지키기 위해 전쟁에 나섰어요.
그런데 왕을 태운 코끼리가 날뛰는 바람에,
왕은 홀로 적군에 둘러싸이고 말았어요.
과연 무슨 일이 벌어졌을까요?

어휘랑 놀자 1

아름답고 궁금한 우리말 이야기

천 냥 빚도 말로 갚는다

제 1 일차

교과서 학습 어휘 01

맛보기

돋보기1

한자가 술술

다지기

조국

의병 독립 의사
추모 선조 시조

祖

제 2 일차

돋보기2

한자가 술술

다지기

원인

결과 인과 관계 주장
근거 패인 인연

진시황은 사신에게 불로초를 구해 오라고 했어요.
늙지 않고 영원히 살고 싶었거든요.
과연 진시황은 불로장생할 수단을 찾았을까요?

제 3 일차

교과서 학습 어휘 02
맛보기
돋보기1
한자가 술술
다지기

사신
사절단 대사관
외교 협상 조약

使
吏

어휘랑 놀자 3
외래어로 배우는 워드(word) 라고요!
센티미터(centimeter)

수단
방법 달성 헌법
법원 준법 위법

제 4 일차

돋보기2
한자가 술술
다지기

法
去

제 5 일차

도전! 어휘왕
평가 문제

어휘랑 놀자 2
비슷해서 틀리기 쉬운 말 비교해서 틀리지 말자
눈부신 '햇빛', 뜨거운 '햇볕'

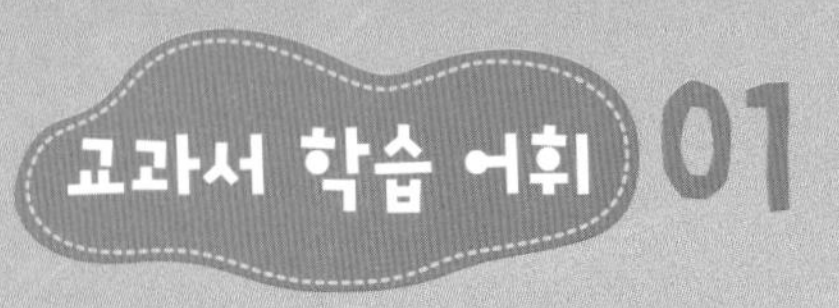

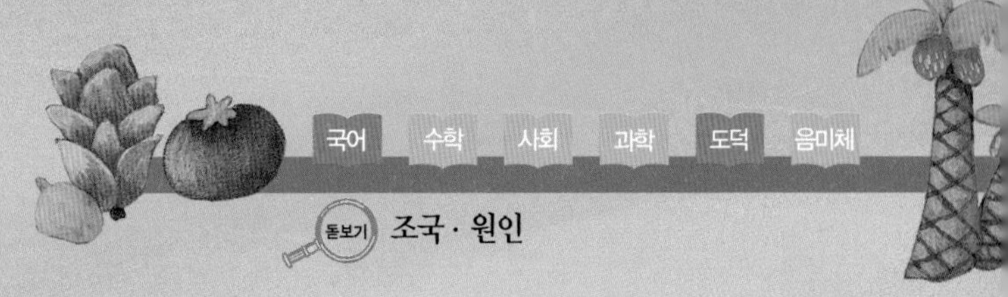

◑ 글 속의 주황색 낱말들은 무슨 뜻일까요? 잘 생각하면서 다음 글을 읽어 보세요.

내가 가장 좋아하는 동물은 코끼리입니다.
긴 코로 음식을 날름 집어먹는 모습이 귀여워요.
얼마 전, 타이에서 살다 온 고모에게 재밌는 코끼리 이야기를 들었어요.
타이는 동남아시아에 있는 나라예요.
언제나 더운 여름이라 맛있는 열대 과일이 잔뜩 열린대요.
옛날부터 타이는 농사가 잘되어 먹을 것이 넘쳐 나는 나라였어요.
하지만 400년 전에는 타이의 풍요로운 땅을 탐낸 이웃 나라 미얀마가 끊임없이 쳐들어와
어려움에 처하기도 했대요. 풍부한 먹을거리가 오히려 전쟁의 원인이 된 거예요.
그 무렵 흑태자라는 별명을 가지고 있던 나레수안 왕자가 왕이 되었어요.
미얀마가 또 쳐들어오자, 나레수안 왕은 조국을 지키겠다는 굳은 각오로 직접 전쟁에 나섰답니다.
이때 타고 나간 것이 바로 코끼리예요.
타이와 미얀마 군대가 맞서고 있는 긴박한 상황이었어요. 그런데 큰일이 벌어지고 말았어요.
나레수안 왕이 타고 있던 코끼리가 갑자기 날뛰더니 미얀마군 쪽으로 뛰어가 버린 거예요.
왕은 홀로 적군에 둘러싸이게 되었어요.
왕의 코끼리는 평소에도 짜증을 잘 내곤 했는데,
그 짜증이 하필이면 이 중요한 순간에 치솟은 것이죠.
위기의 상황에서 왕은 적군의 대장에게 “일대일로 정정당당하게 싸우자!”고 용감하게 말했대요.
일대일 싸움의 결과는 어땠을까요? 나레수안 왕의 멋진 승리였답니다.
다행히 이겼으니 망정이지, 성질 나쁜 코끼리 때문에 큰일 날 뻔했지 뭐예요.

◑ 빈칸에 알맞은 낱말을 왼쪽 글의 주황색 낱말 중에서 찾아 써 보세요. 잘 모를 땐 💡를 보거나, ❶~❸에서 골라 쓰세요.

1 뛰다가 쓰러져도 좋다는 각 오 로 경주에 나섰다.

💡 힘들고 어려운 일을 앞에 두고 단단히 마음을 다지는 것이에요.

❶ 각시 ❷ 각오 ❸ 각도

2 그가 우리 모두를 엄청난 ◯◯에서 구해 주었다.

💡 아주 위험한 고비를 말해요.

❶ 위기 ❷ 일기 ❸ 공기

3 그들은 ◯◯의 통일을 위하여 노력하였다.

💡 조상 대대로 살아온 나라. 또는 자기가 태어나서 자란 나라랍니다.

❶ 조개 ❷ 조국 ❸ 조기

4 산불이 마을로 번지자 상황이 매우 ◯◯하게 돌아갔다.

💡 어떤 일이 곧 일어날 듯해 매우 급하고 마음에 여유가 없음을 가리켜요.

❶ 호박 ❷ 수박 ❸ 긴박

5 그가 실패한 ◯◯은 중간에 포기했기 때문이다.

💡 일이나 현상이 일어나게 된 까닭이지요.

❶ 원인 ❷ 확인 ❸ 달인

6 ◯◯◯◯하게 실력을 겨뤄 보자.

💡 태도나 수단이 올바르고 떳떳한 것을 말해요.

❶ 정육각형 ❷ 정정당당 ❸ 정체불명

을 지키겠다는 굳은 각오로

우리에게는 1910년 일본에 조국을 빼앗긴 아픈 역사가 있어.
'조국'은 조상 대대로 살아온 나라를 말해. 하지만 가만히 앉아서 나라를 빼앗긴 건 아니란다.
양반, 평민 할 것 없이 모두가 나서 나라를 지키려고 노력했지.

낱 조상【祖】 대대로 살아온 나라【國】.
교 조상 대대로 살아온 나라. 또는 자기가 태어나서 자란 나라.
예 외국에 살고 있는 그는 항상 조국을 그리워한다.

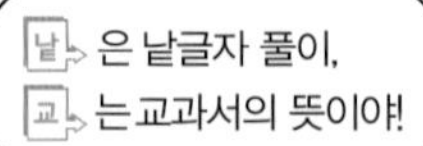

낱은 낱글자 풀이,
교는 교과서의 뜻이야!

태백산 호랑이라는 별명을 가진 평민 신돌석을 비롯해
많은 사람이 의병에 참가했어.
'의병'은 외적의 침입에 맞서 백성들이 스스로 만든 군대를 말해.

낱 옳은【義】 일을 하는 병사【兵】.
교 나라를 지키려고 백성들이 스스로 일으킨 군대.
예 의병을 일으켜 일본의 침략에 맞섰다.

나라를 빼앗긴 후에도 우리 민족은 싸우고 또 싸웠어.
마침내 1945년 우리는 일본으로부터 독립했단다.
'독립'은 다른 것에 속하거나 기대지 않고 혼자 힘으로 우뚝 서는 거야.

낱 홀로【獨】 서는【立】 것.
교 ❶ 다른 것에 속하거나 기대지 않는 것.
❷ 한 나라가 완전한 주권을 지니는 것.
예 우리나라는 독립 국가이다.

빈칸에 알맞은 낱말을 〈보기〉에서 골라 써 보세요.

〈보기〉 독립, 의병, 조국

- 홍의 장군 곽재우는 임진왜란 때 왜적에 맞서기 위해 ❶ ( ) 을 일으켰어요.
- 나의 ❷ ( ) 은 대한민국입니다.
- 우리 고모는 성인이 되자 ❸ ( ) 하여 할아버지, 할머니와 따로 살고 있다.

우리나라의 독립을 위해 애쓴 이들 가운데, 무력을 사용해 적과 싸우다 죽은 사람을 '의사'라고 해.
안중근 의사, 윤봉길 의사가 그분들이야.
반면에, 맨몸으로 싸우다 죽은 사람은 '열사'라고 한단다. 유관순 열사처럼 말이야.

- 낱 옳은【義】 일을 하다 죽은 선비【士】.
- 교 나라를 위해 싸우다가 의롭게 죽은 사람.
- 예 안중근 의사는 이토 히로부미를 죽이고 사형당하였다.

매년 삼일절이 되면, 자신의 목숨을 아끼지 않고 나라를
찾기 위해 노력한 독립 운동가들을 추모하는 행사가 열린단다.
'추모'는 죽은 사람을 간절히 생각하는 거야.

- 낱 따르며【追】 그리워함【慕】.
- 교 죽은 사람을 그리며 생각함.
- 예 매년 4월이면 민주 열사를 추모하는 행사가 열린다.

독립 운동가뿐만 아니라,
우리에게는 자랑스러운 선조들이 아주 많단다.
'선조'는 먼 조상을 말해.

- 낱 먼저【先】 산 조상【祖】.
- 교 먼 조상.
- 예 우리 선조들은 5천 년 전부터 이 땅에 살았다.

나는 신라의 시조,
박혁거세!
알에서 태어났지.

우리 민족의 시조는 단군 할아버지야. 맨 첫 조상을 '시조'라고 해.
신라의 시조는 알에서 태어난 박혁거세란다.

- 낱 첫【始】 조상【祖】.
- 교 겨레나 집안의 맨 첫 조상.
- 예 고구려의 시조는 주몽이다.

빈칸에 알맞은 낱말을 〈보기〉에서 골라 써 보세요.

〈보기〉 시조, 추모, 의사

- 그가 죽은 지 일 년이 되는 날, 그를 ❶ ______ 하는 행렬이 끝없이 이어졌다.
- 우리 민족의 ❷ ______ 는 단군이다.
- 윤봉길 ❸ ______ 는 폭탄을 던져 일본 대장을 죽였다.

한자의 뜻과 유래에 대한 설명을 읽고, 한자를 익혀 보세요.

'조상'은
'한 집안에서 할아버지 위로 돌아가신 어른들'이란 뜻과 '같은 겨레의 옛 사람들'이란 뜻이 있지.

祖

7급

할아버지, 조상 조

총 10획 | 부수 示, 5획

저 멀리서 할아버지, 할머니가 보이면【示】 얼른 달려가 공손히 절해야 해. 또【且】 돌아가신 조상님들께도 제사 때마다 절을 올려야 하지. 이것이 우리나라의 전통이란다.

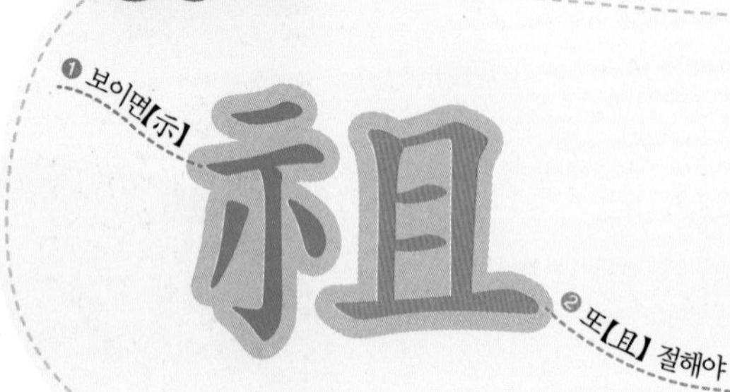

보이면【示】 또【且】 절해야 하는 분이니,
할아버지 조, 조상 조.

示 + 且 = 祖
보일 시 / 또 차 / 할아버지 조, 조상 조

할아버지의 아버지는 '증조(曾祖) 할아버지', 할아버지의 할아버지는 '고조(高祖)할아버지'라고 한단다. 외가 쪽은 앞에 '외(外)'를 붙여 말하면 돼. '외증조할아버지', '외고조할아버지'처럼 말이야.

거듭 증 曾 / 할아버지 조 祖

증조할아버지

교 아버지의 할아버지, 또는 할아버지의 아버지.

예 오늘은 증조할아버지의 제삿날이다.

'한자 암기카드'를 보고 빈칸에 들어갈 말을 써 보세요.

❶ ( )【示】 ❷ ( )【且】 절해야 하는 분이니, 할아버지 조, 조상 조(祖).

祖의 뜻은 할아버지, 조상이고, 음은 ❸ ( ) 입니다.

祖의 어원을 생각하면서 필순에 따라 써 보세요.

祖 祖 祖 祖 祖 祖 祖 祖 祖 祖

祖	祖	祖	祖	祖			

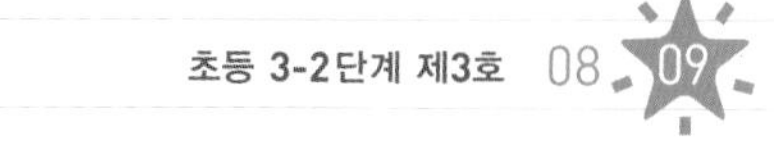

제 1 일차

1 ❶~❸에서 이어진 길을 따라가면 두 글자로 된 낱말이 완성됩니다. 그 낱말을 알맞은 뜻과 이으세요.

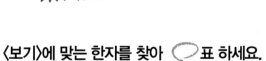

조상 대대로 살아온 나라.

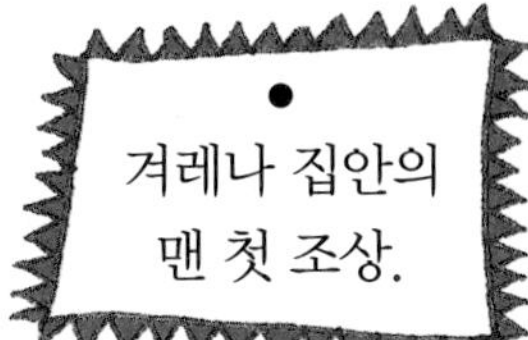

겨레나 집안의 맨 첫 조상.

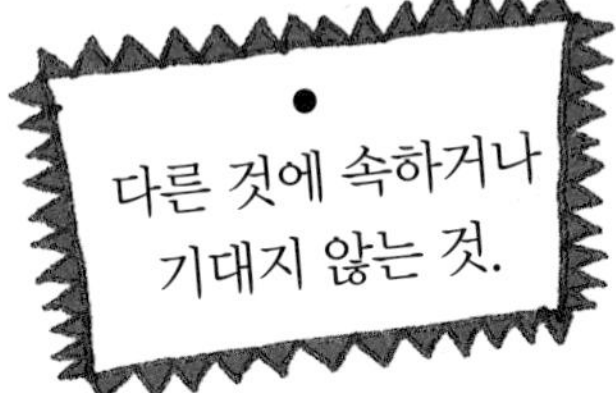

다른 것에 속하거나 기대지 않는 것.

완성된 세 낱말은 조국, 독립, 시조입니다.

2 〈보기〉에 맞는 한자를 찾아 ◯표 하세요.

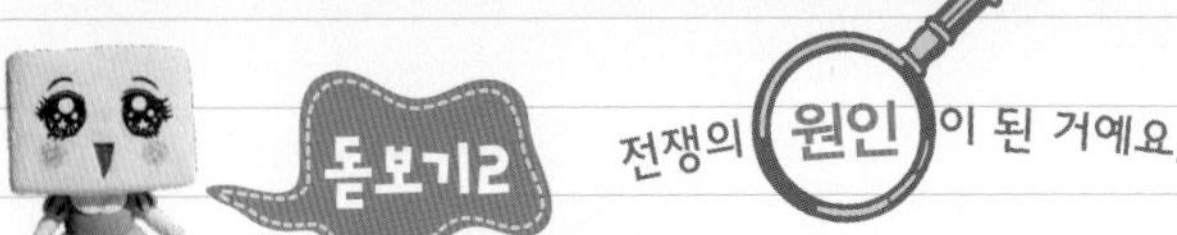

돋보기2
전쟁의 원인이 된 거예요.

신나니까 추운 줄도 모르겠어!

시루떡이 눈사람을 만들고 있어.
그런데 추운 날씨인데도 속옷 차림이야.
이것이 원인이 되어 무슨 일이 생기겠는걸.
'원인'은 어떤 일이 일어나게 되는 까닭을 말해.

낱 근원【原】이 되는 까닭【因】.
교 일, 현상 등이 일어나게 된 까닭.
예 뒷산에 산불이 난 원인을 모르겠다.

아이 추워. 온몸이 쑤시고 열이 나.
덜 덜

역시나 시루떡은 감기에 걸리고 말았어.
예상했던 결과지? '결과'는 어떠한 원인 때문에 일어난 일이야.

낱 열매【果】를 맺음【結】.
교 어떤 사정이나 까닭 때문에 생긴 일.
예 이 경기의 승리는 노력의 결과이다.

어떤 일이 원인이 되어 다른 일이 일어났을 때, 두 사건은 원인과 결과의 관계인 '인과 관계'에 있단다. 시루떡이 시험 시간에 답을 모두 찍어 쓴 것[원인]과 10점을 맞은 것[결과]처럼 말이야.

"시루떡은 시험에서 10점을 맞았다."(결과)
"왜냐하면 모든 답을 찍어 썼기 때문이다."(원인)

낱 교 원인【因】과 결과【果】의 관계(關係).
예 두 사건의 인과 관계가 궁금하다.

빈칸에 알맞은 낱말을 〈보기〉에서 골라 써 보세요.

〈보기〉 인과 관계, 원인, 결과

- 조그만 실수 때문에 ❶ ( ) 가 나빠지고 말았다.
- 경찰들이 사고의 ❷ ( ) 을 조사했다.
- 아이스크림을 많이 먹은 것과 배탈이 난 것은 ❸ ( ) ( ) 가 있다.

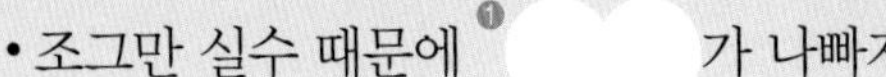

시루떡은 그 전날 아파서 공부를 못했기 때문에, 시험 시간에 답을 찍어 쓸 수밖에 없었다고 주장했어. '주장'은 의견을 굳게 내세우는 거야. 주장할 땐 뒷받침할 만한 '근거'를 대야 한단다.

게임한다고 밤새운 거 다 알거든. 왜 말도 안 되는 근거를 대며 거짓 주장을 하는 거야!

주될 주 主 / 벌일 장 張

주장

- 낱: 생각이나 의견을 주되게【主】 벌임【張】.
- 교: 자기 생각이나 의견을 굳게 내세움. 또는 그 생각이나 의견.
- 예: 이번엔 네 주장을 받아들일게.

- 낱: 어떤 일의 뿌리【根據】.
- 교: 어떤 일이 있게 한 바탕이나 까닭.
- 예: 무슨 근거로 그런 말을 하는 거니?

빽!
또 늦게 눌렀다!
도대체 답을 말할 기회가 없어!

까닭 인(因)이 들어가는 말을 좀 더 알아보자. 싸움에 지거나 일에 실패한 원인을 '패인'이라고 해. 퀴즈 대회에서 백설기와 쑥개떡의 패인은 벨을 빨리 누르지 못한 것이었어.

- 낱: 패한【敗】 까닭【因】.
- 교: 싸움에서 지거나 일에 실패한 원인.
- 예: 상대를 얕본 것이 지난 경기의 패인이다.

퀴즈 대회에서 지긴 했지만, 요즘 쑥개떡은 무척 행복하단다. 오랫동안 혼자 좋아했던 진달래떡과 사귀기로 했기 때문이야. 새로운 인연이 탄생한 것이지. '인연'은 사람들 사이에 맺어지는 관계를 말해.

까닭 인 因 / 연줄 연 緣

- 낱: 어떤 일을 까닭으로【因】 하여 연줄【緣】이 닿음.
- 교: 사람들 사이에 맺어지는 관계.
- 예: 이렇게 만난 것도 인연인데 친하게 지내요!

빈칸에 알맞은 낱말을 〈보기〉에서 골라 써 보세요.

〈보기〉 인연, 근거, 패인

- 4번 타자가 부상을 당해 경기에 나오지 못한 것이 결정적인 ❶ (　　) 이다.
- 공주의 생명을 구해 준 ❷ (　　) 으로 결혼까지 하게 되었다.
- ❸ (　　) 도 없이 그런 터무니없는 주장을 하다니!

한자의 뜻과 유래에 대한 설명을 읽고, 한자를 익혀 보세요.

因

5급

까닭 인

총 6획 | 부수 口, 3획

농장이나 목장의 울타리【口】가 클수록【大】
농작물도 가축도 많이 키울 수 있겠지?
또 울타리 안에 집을 크게 지어 편히 지낼 수도 있을 거야.

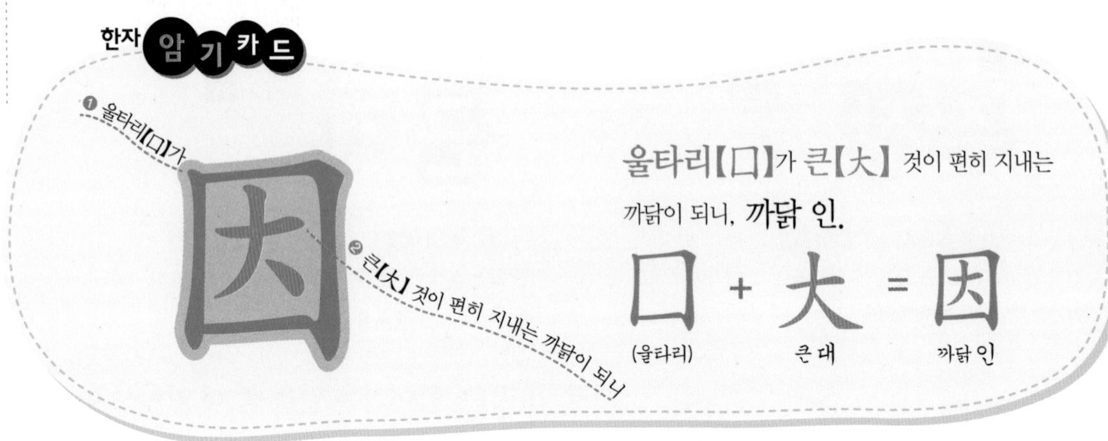

한자 암기카드
❶ 울타리【口】가
❷ 큰【大】 것이 편히 지내는 까닭이 되니
울타리【口】가 큰【大】 것이 편히 지내는
까닭이 되니, 까닭 인.
口 + 大 = 因
(울타리) 큰 대 까닭 인

❶ 口은 '에운담'이나 여기서는 '울타리'를 뜻함.

困

4급

어려울 곤

총 7획 | 부수 口, 4획

에워싸인【口】 나무【木】는 자라기가 어려우니, 어려울 곤(困).
'인할 인(因)'은 안에 큰 대(大)가, '어려울 곤(困)'은 口 안에 나무 목(木)이
들어 있는 글자야. 큰 나무들에 에워싸인【口】 작은 나무【木】를 생각해 봐.
큰 나무들 때문에 제대로 햇빛을 받을 수 없고 양분도 뺏겨 버려 자라기가 어려울 거야.
困에는 '어렵다'라는 뜻 외에 '지치다'라는 뜻도 있어.

낱 교 어려운【困】 형편【境】.
예 곤경에 빠진 친구를 도와주자.

'한자 암기카드'를 보고 빈칸에 들어갈 말을 써 보세요.

❶ (　)(　)(　)【口】가 ❷ (　)【大】 것이 편히 지내는 까닭이니, 까닭 인(因).

因의 뜻은 (까)(닭)이고, 음은 ❸ (　)입니다.

因의 어원을 생각하면서 필순에 따라 써 보세요.

因	因	因	因	因			

1 글자 조각 둘을 합쳐 사각형이 되도록 하면 두 글자로 된 낱말이 완성됩니다.
그 낱말을 알맞은 뜻과 이으세요.

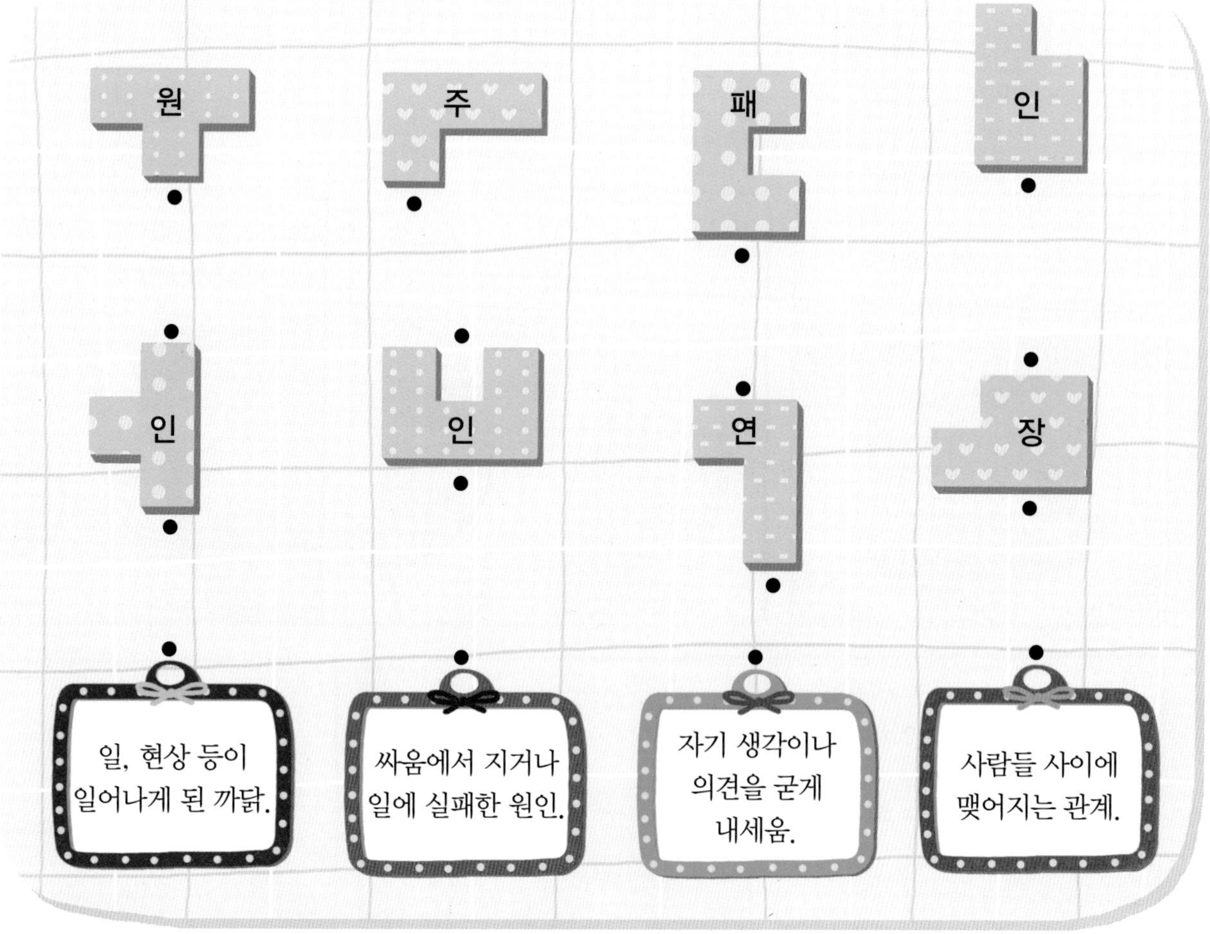

원 주 패 인

인 인 연 장

일, 현상 등이 일어나게 된 까닭.

싸움에서 지거나 일에 실패한 원인.

자기 생각이나 의견을 굳게 내세움.

사람들 사이에 맺어지는 관계.

2 양쪽 한자에 공통으로 들어 있는 글자를 ❶~❹에서 고르세요.

천 냥 빚도 말로 갚는다

도대체 약속 시간이 언젠데
이렇게들 늦는 거야?

오면 제대로
혼을 내 줘야지!
좀 늦었어요.

쑥개떡, 좀 늦다니?
1시간이나 늦었잖아!
에이~ 1시간은
아니죠.
딱 55분밖에
안 늦었는데.

그리고 얼마나 힘들게 왔는데요.
넘어져서 무릎까지 까졌다고요.

아, 거기다 시루떡 형도
저번에 늦게 온 적 있었죠?

그러니까
눈감아
주세요.
안 돼,
절대 용서 못 해!!

헐레
벌떡
저보다 늦은 꿀떡도 있으니
저는 훨씬 낫다고요.

저, 정말 미안해요~
이렇게 오래 기다리게 하다니…….
흑
흑

그 몸에 난
상처들은 뭐야?

급하게 뛰어오다가
데굴데굴 굴러서요.

그래서 더 늦어 버렸어요!
정말 죄송해요~.

다음부터는
제가 먼저 와서
기다릴 테니
제발 용서해
주세요.
그, 그래.
괜찮아.
그럴 수도 있지.

앗! 나는 용서
못 한다더니
이렇게 차별을?!
넌
'천 냥 빚도
말로 갚는다'는
말도 몰라?

천 냥 빚도 말로 갚는다는 속담은, 아무리 큰 빚도 상대방의 마음을 움직일 정도의 진심 어린 말이라면 면제받을 수 있다는 뜻이야.

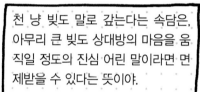

갚지 말게.

아하~.
그만큼 살아가는 데 어떻게 말을
하느냐가 중요하다는 거군요.

좋은 가르침,
감사합니다.
책에 다
나오는 건데, 뭐.
바로 쑥개떡,
너한테 꼭 필요한
속담이라고!!

◑ 글 속의 주황색 낱말들은 무슨 뜻일까요? 잘 생각하면서 다음 글을 읽어 보세요.

중국에 있는 만리장성은 길이가 어마어마하게 긴 장벽이에요. 북쪽 이민족의 침입을 막기 위해 지은 장벽으로, 만리장성을 만들라고 지시한 사람은 2200여 년 전 중국을 처음으로 통일한 진시황이에요.

진시황은 욕심이 정말 많았어요. 그는 왕이라는 호칭이 자기에게는 부족하다며 황제라고 불리기를 원했어요. 또 아방궁이라는 큰 궁궐을 짓기 시작했지요. 1만 명이 들어갈 수 있는 아방궁을 짓기 위해 70만 명이 일했다고 하니, 참 대단하죠?

그뿐만이 아니에요. 진시황은 13세 때 임금이 되자마자 자기 무덤을 만들기 시작했대요. 무덤을 만드는 기간이 길수록 오래 산다고 믿었기 때문이에요. 무덤 속에 실제 궁전과 똑같은 모양의 궁전을 지었고, 무덤을 지키는 가짜 군대도 만들었어요. 진흙으로 만든 병사와 말 수천 개가 진시황릉 주변 땅 아래에서 발굴되었답니다.

진시황의 욕심은 끝이 없었어요. 늙지 않고 영원히 살고 싶어서 서복이라는 사신을 시켜 불로초를 구해 오게 했어요. 서복은 불로초를 찾으러 제주도까지 왔대요. 제주도에 있는 서귀포는 서복이 서쪽으로 돌아간 곳이라는 뜻이에요. 그러나 인간을 영원히 살게 하는 수단이 세상에 있을 리 있나요?

불로초를 못 찾은 서복은 중국으로 돌아가지 않았고, 만리장성과 아방궁, 진시황릉을 짓느라 백성들을 그렇게도 고생시켰던 진시황은 50세에 죽고 말았어요. 아방궁과 진시황릉이 완성되기도 전에 말이죠.

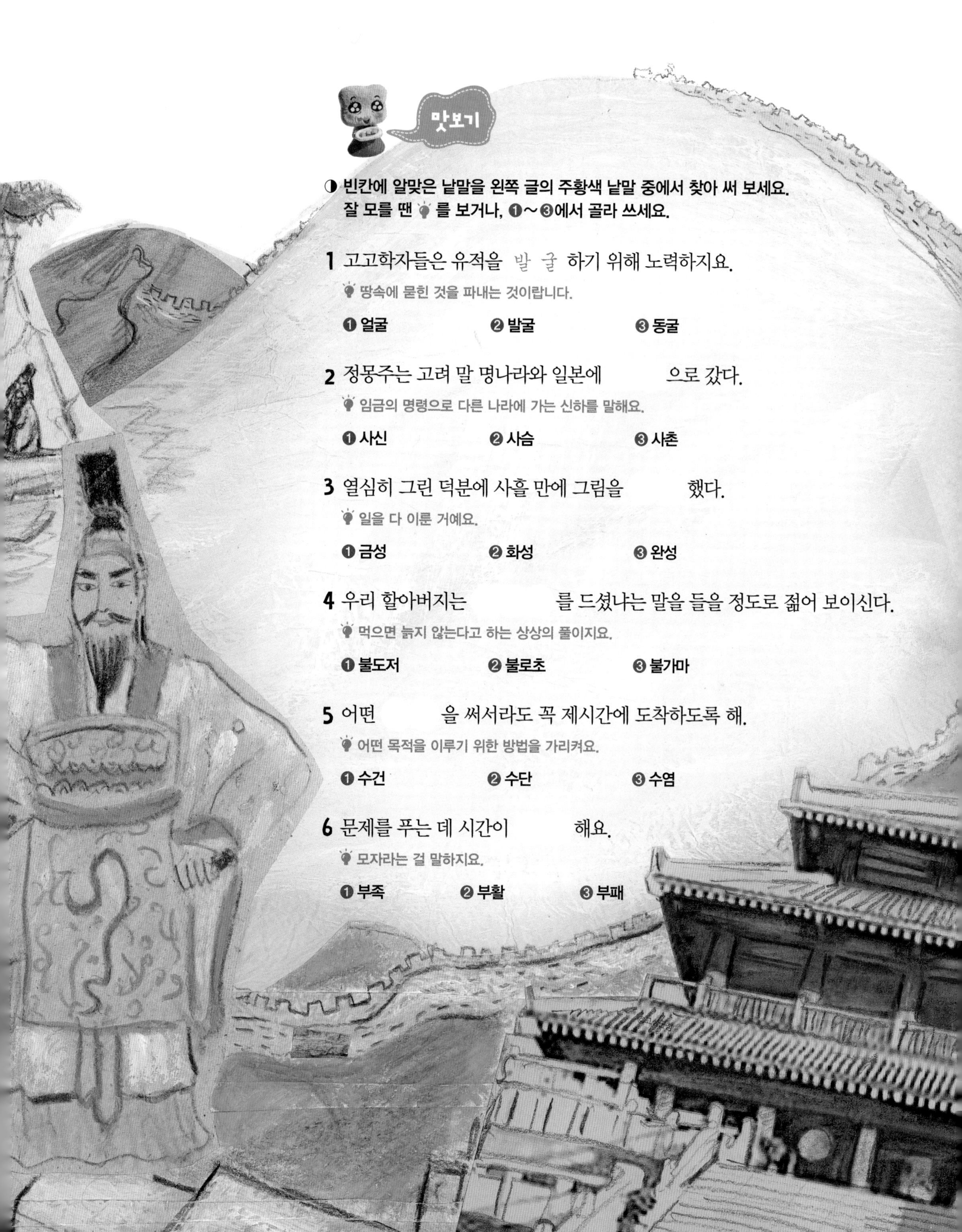

◑ 빈칸에 알맞은 낱말을 왼쪽 글의 주황색 낱말 중에서 찾아 써 보세요.
잘 모를 땐 💡를 보거나, ❶~❸에서 골라 쓰세요.

1 고고학자들은 유적을 발 굴 하기 위해 노력하지요.

💡 땅속에 묻힌 것을 파내는 것이랍니다.

❶ 얼굴　❷ 발굴　❸ 동굴

2 정몽주는 고려 말 명나라와 일본에 　　　으로 갔다.

💡 임금의 명령으로 다른 나라에 가는 신하를 말해요.

❶ 사신　❷ 사슴　❸ 사촌

3 열심히 그린 덕분에 사흘 만에 그림을 　　　했다.

💡 일을 다 이룬 거예요.

❶ 금성　❷ 화성　❸ 완성

4 우리 할아버지는 　　　를 드셨냐는 말을 들을 정도로 젊어 보이신다.

💡 먹으면 늙지 않는다고 하는 상상의 풀이지요.

❶ 불도저　❷ 불로초　❸ 불가마

5 어떤 　　　을 써서라도 꼭 제시간에 도착하도록 해.

💡 어떤 목적을 이루기 위한 방법을 가리켜요.

❶ 수건　❷ 수단　❸ 수염

6 문제를 푸는 데 시간이 　　　해요.

💡 모자라는 걸 말하지요.

❶ 부족　❷ 부활　❸ 부패

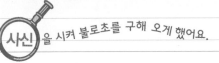

서복이라는 사신을 시켜 불로초를 구해 오게 했어요.

문익점은 고려 말 원나라에 사신으로 갔어.
'사신'은 임금이나 국가의 명령을 받고 외국에 가는 신하야.
문익점은 원나라에서 돌아올 때 목화씨 열 개를 가지고 왔어.
그 덕분에 겨울이면 추위에 떨던 백성들이 목화솜을 넣은 따뜻한 옷과 이불을 만들 수 있게 되었지.

교 임금의 명령으로 다른 나라에 가는 신하.
예 정몽주는 고려 말 일본에 사신으로 갔다.

임금은 사신에게 신분증인 부절을 주었어. 암행어사에게 마패를 주었듯이 말이야.
부절을 다른 말로 사절이라고도 했어. 부절이 없는 요즘엔 나랏일을 하려고 외국에 가는 사람을 '사절'이라고 해. 그럼 사절의 무리는 '사절단'이겠지?

낱 부절(節)을 가진 사람들의 모임【團】.
교 나랏일을 하려고 다른 나라에 가는 사람들 무리.
예 우리나라는 평화 사절단을 보내기로 결정했다.

사신이나 사절단은 임무가 있을 때만 외국에 나가지만, '대사'는 자기 나라를 대표하여 외국에 나가 살고 있는 으뜸 외교관이야. 대사와 관리들이 일을 보는 곳을 '대사관'이라고 해.

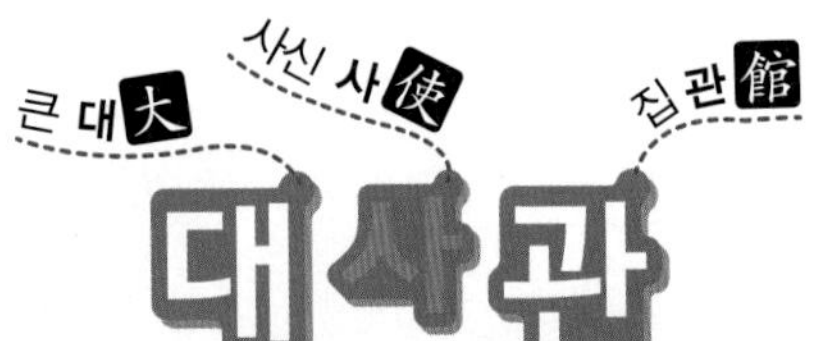

낱 대사(大使)가 일하는 집【館】.
교 다른 나라에 나가 있는 대사와 관리들이 일을 보는 곳.
예 세계 100여 개국에 우리나라 대사관이 나가 있다.

쏙쏙 문제

빈칸에 알맞은 낱말을 〈보기〉에서 골라 써 보세요.

〈보기〉 사신, 대사관, 사절단

- 우리나라에는 150개국 이상의 외국 ❶ (　　　) 이 들어와 있다.
- 근정전은 임금이 외국에서 온 ❷ (　　) 을 맞이하던 장소였다.
- 두 나라는 문화 교류를 위한 ❸ (　　　) 을 서로 보내기로 했다.

고려 시대의 이름난 외교관 서희의 이야기를 읽어 보자.

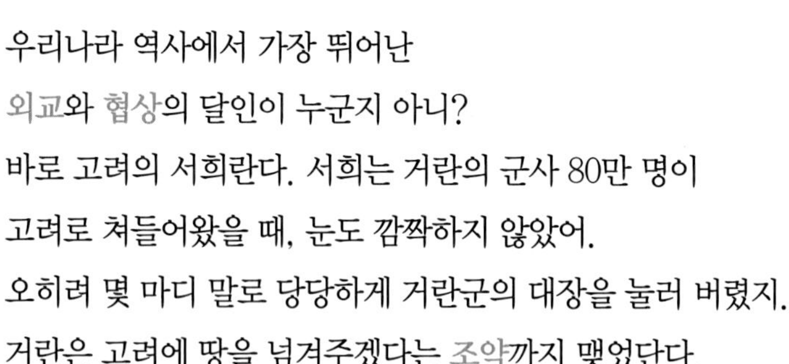

우리나라 역사에서 가장 뛰어난
외교와 협상의 달인이 누군지 아니?
바로 고려의 서희란다. 서희는 거란의 군사 80만 명이
고려로 쳐들어왔을 때, 눈도 깜짝하지 않았어.
오히려 몇 마디 말로 당당하게 거란군의 대장을 눌러 버렸지.
거란은 고려에 땅을 넘겨주겠다는 조약까지 맺었단다.

낱 외국【外】과 사귐【交】.

교 다른 나라와 관계를 맺는 일.

나라와 나라가 서로 관계를 맺는 걸 말해.
친한 친구들처럼 힘들 때 서로 도와주는 나라는
'외교' 관계가 좋은 나라야.

예 이번 일로 두 나라의 외교 관계가 나빠졌다.

낱 화합해【協】 서로 헤아려【商】 의논함.

교 어떤 문제를 두고 생각이 다른 사람이나 단체가 함께 의논하는 것.

고려와 거란처럼 외교 관계에 문제가 생겼을 때는 협상을 하기도 해.
'협상'은 어떤 문제를 두고 생각이 다른 사람이나 단체가
함께 의논하는 거야.

예 두 단체의 협상 결과가 오늘 발표된다.

낱 조목【條】을 세워 맺은【約】 약속.

교 나라와 나라 사이에 맺은 약속.

협상에 성공하면 조약을 맺게 돼.
'조약'은 나라와 나라 사이에 맺은 약속이야.

예 두 나라가 조약을 맺었다.

빈칸에 알맞은 낱말을 〈보기〉에서 골라 써 보세요.

〈보기〉 협상, 외교, 조약

- 두 나라는 지난 100년간 매우 좋은 ❶ ______ 관계를 유지해 왔다.
- 미국과 맺은 ❷ ______ 에 대해 다시 ❸ ______ 을 해야 한다는 목소리가 높다.

한자의 뜻과 유래에 대한 설명을 읽고, 한자를 익혀 보세요.

使

6급

하여금 사

총 8획 | 부수 人, 6획

임금처럼 높은 사람【亻】은 관리【吏】로 하여금
이 일 저 일 하도록 시킨단다.
임금이 외국에 나가라고
시키는 관리가 사신이므로,
使에는 '하여금'과 '시키다'라는 뜻 외에
'사신'이라는 뜻도 들어 있어.

한자 암기카드
❶ 사람【亻】이
使
❷ 관리【吏】로 하여금 일을 하도록 시키니
사람【亻】이 관리【吏】로 하여금 일을
하도록 시키니, 하여금 사, 시킬 사.
人 + 吏 = 使
사람 인
관리 리
하여금 사
시킬 사

吏

준3급

관리 리

총 6획 | 부수 口, 3획

한결같이【一】 중립【中】에 서서 일해야 하는 사람【人】이
관리이니, 관리 리(吏).
나랏일을 하는 관리는 항상 공정해야겠지?
그러려면 누구의 편도 들지 않고
한결같이【一】 중립【中】에 서 있는 사람(人)이 되어야 해.

'한자 암기카드'를 보고 빈칸에 들어갈 말을 써 보세요.

❶ ______【亻】이 ❷ ______【吏】로 하여금 일을 하도록 시키니, 하여금 사, 시킬 사(使).

使의 뜻은 하여금, 시키다이고, 음은 ❸ ___ 입니다.

使의 어원을 생각하면서 필순에 따라 써 보세요.

使 使 使 使 使 使 使 使

使	使	使	使	使			

1 의 뜻에 알맞은 낱말을 찾고 길을 따라가 만나는 친구에게 ○ 표 하세요.

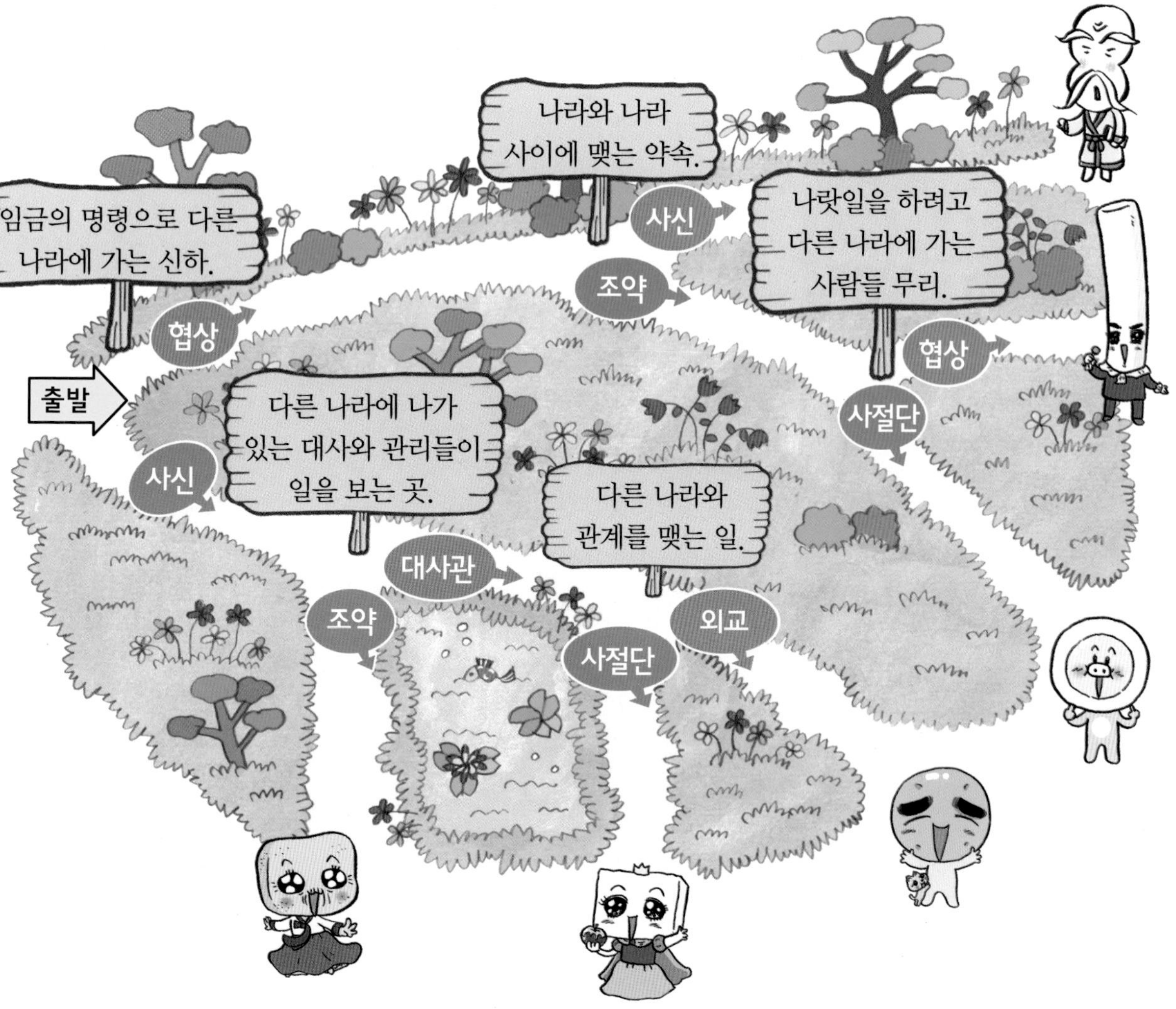

2 〈보기〉에 맞는 한자를 찾아 색칠하세요.

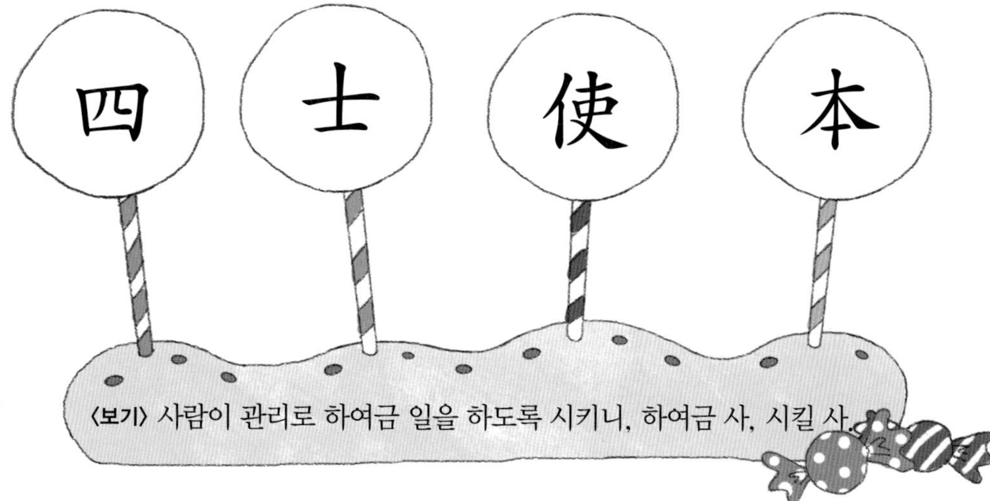

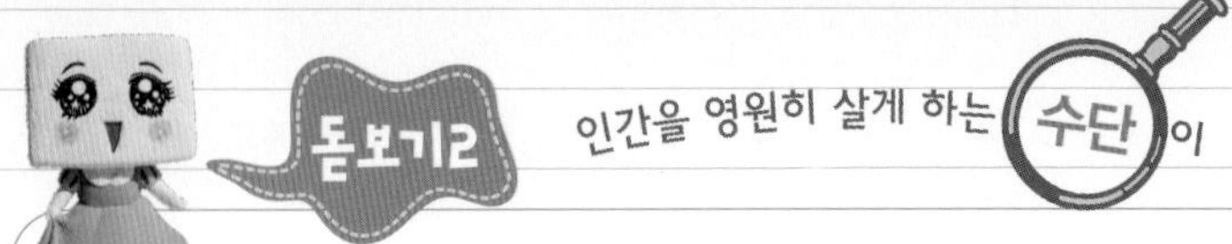

돋보기2
인간을 영원히 살게 하는 수단이

난 사막의 중요한
교통수단인
낙타야!

궁금한 내용이 있으면 책이나 인터넷을 찾아보게 되지?
책과 인터넷이 궁금증을 해결할 수 있는 좋은 수단이기 때문이야.
'수단'은 어떤 목적을 이루기 위한 도구란다.

재주 수 手
방법 단 段

날 목적을 이루기 위한 솜씨【手】와 방법【段】.
교 ❶ 어떤 목적을 이루기 위한 도구.
❷ 어떤 일을 하는 솜씨와 꾀.
예 인간은 생각을 전달하기 위한 수단으로 언어를 사용한다.

피로를 푸는 방법 중
최고는 역시
목욕이지!

방법은 수단과 함께 쓰이는 경우가 많은 낱말이야. 차이점을 알아볼까?
라면을 요리하는 수단은 냄비, 물, 불이야. 그렇다면 라면을 요리하는 방법은?
끓는 물에 라면과 수프를 넣고 더 끓이는 것이지.
즉, '수단'이 일을 이루기 위해 필요한 도구라면,
'방법'은 일을 해 나가는 방식을 가리키는 말이야.

방법 방 方
법 법 法

교 어떤 일을 해 나가는 방식.
예 무슨 좋은 수단과 방법이 없을까?

인절미 할머니와 백설기는 살을 빼기 위해 수단과 방법을 가리지 않고 다이어트를 했어.
하지만 목표를 달성하기가 쉽지 않았지. '달성'은 하려고 마음먹은 일을 이룬 거야.
그런데 매일 아침 운동을 하자 목표를 달성할 수 있었단다.

이를 달 達
이룰 성 成

드디어 목표를
달성했어요!
역시 다이어트엔
운동이 최고야!
Diet
Diet

달성

날 목적지에 이르러【達】 뜻한 바를 이룸【成】.
교 하려고 마음먹은 일이나 목표 등을 이룸.
예 목표를 달성하기 위해 최선을 다하자!

쏙쏙 문제

빈칸에 알맞은 낱말을 〈보기〉에서 골라 써 보세요.

〈보기〉 방법, 달성, 수단

- 교통 ❶ ______ 이 발달하지 않았던 옛날에는 먼 거리도 걸어 다녀야 했지.
- 고모는 엄마에게 국을 맛있게 끓이는 ❷ ______ 을 배우고 있다.
- 100권의 책을 읽자는 올해의 목표를 가뿐히 ❸ ______ 했다.

방법(方法)에 쓰인 '법(法)'이 들어간 낱말을 알아보자.
'법'은 나라를 다스리려고 정해 놓은 여러 가지 규칙이란다.

법 중에서도 가장 으뜸인 법은 '헌법'이야.
우리나라에는 수많은 종류의 법이 있는데,
그 모든 법이 헌법에 어긋나는 내용을 가지면 안 된다.
말하자면 헌법은 법들의 대장인 셈이야.

낱 한 나라의 으뜸가는 법.

교 모든 국민은 행복을 추구할 권리가 있다고 헌법에 나와 있다.

사람들 사이에 다툼이 있거나 법을 어긴 경우에,
법에 따라 재판하는 곳을 '법원'이라고 해.
법원에서 재판할 때는 변호사와 검사의
의견을 듣고 판사가 판결을 내린단다.

낱 법【法】에 따라 재판하는 집【院】.

교 법에 따라 재판하는 기관.

예 내일 그의 재판이 법원에서 열린다.

법을 잘 지키는 것을 '준법', 법을 어기는 것을 '위법'이라고 해.
거리에 함부로 껌이나 휴지를 버리는 것도 위법이란다.

낱 교 법【法】을 좇아【遵】 지킴.

예 그는 준법정신이 뛰어나 항상 법을 잘 지킨다.

낱 교 법【法】을 어기는【違】 것.

예 술을 마시고 운전하는 것은 위법이다.

빈칸에 알맞은 낱말을 〈보기〉에서 골라 써 보세요.

〈보기〉 위법, 법원, 헌법

- 모든 법은 ❶ (　　) 에 위배되어서는 안 된다.
- 빨간 불이 켜졌을 때 횡단보도를 건너는 것은 ❷ (　　) 입니다.
- ❸ (　　) 에서 판사에게 무죄를 선고받았다.

한자의 뜻과 유래에 대한 설명을 읽고, 한자를 익혀 보세요.

5급

法

법 법

총 8획 | 부수 氵, 5획

오른쪽 그림은 우리나라 대법원을 상징하는 거야.
저울이 한쪽으로 기울지 않도록 항상 공평하게 재판하겠다는 의미겠지? 그러기 위해서는 물【氵】이 높은 곳에서 낮은 곳으로 흘러가듯【去】 이치에 맞는 법이 필요하단다.

한자 암기카드

물【氵】이 흘러가듯【去】 이치에 맞아야 하는 것이 법이니, **법 법.**

氵 + 去 = 法

물 수 / 갈 거 / 법 법

❶ 氵는 '물 수(水)'가 글자 안에서 왼쪽에 쓰일 때의 모양.

5급

去

갈 거

총 5획 | 부수 厶, 3획

흙【土】을 밟고 내【厶】 발로 가니, 갈 거(去). *厶는 '나 사'.

요즘은 아스팔트 길이 많아 흙을 밟기가 쉽지 않아.
하지만 예전엔 어디를 가려면 반드시 흙【土】을 밟아야 했단다.
또한 별다른 교통수단이 없었기에 특별한 경우를 빼고는 내【厶】 발로 걸어가야 했지.

낱 가고【去】 옴【來】.

교 ❶ 주고받음. 또는 사고팖.
❷ 이웃과의 친분 관계를 이루기 위하여 오고 감.

예 물건이 비싼 값에 거래되었다.

'한자 암기카드'를 보고 빈칸에 들어갈 말을 써 보세요.

❶ (　)【氵】이 흘러 ❷ (　　)【去】 이치에 맞아야 하는 것이 법이니, 법 법(法).

法의 뜻은 (법) 이고, 음은 ❸ (　) 입니다.

法의 어원을 생각하면서 필순에 따라 써 보세요.

法 法 法 法 法 法 法 法

法	法	法	法	法			

1

철로에 있는 낱말 가운데 ❶~❸의 뜻에 맞는 낱말을 찾아 ◯로 묶고, 빈칸에 낱말을 쓰세요.

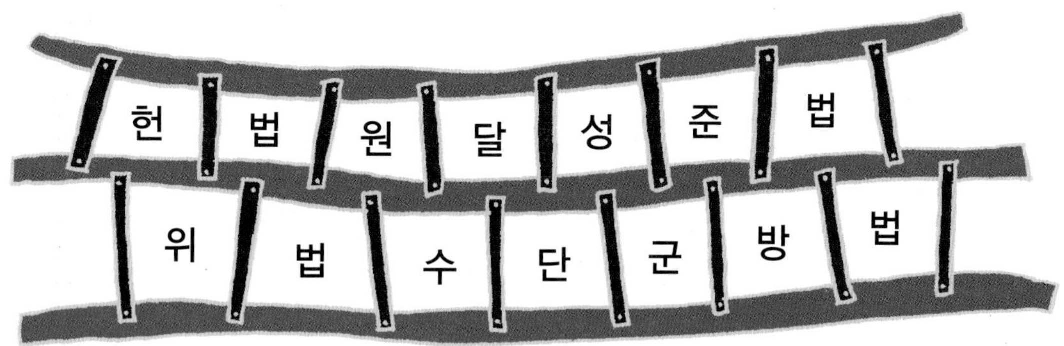

헌 법 원 달 성 준 법
위 법 수 단 군 방 법

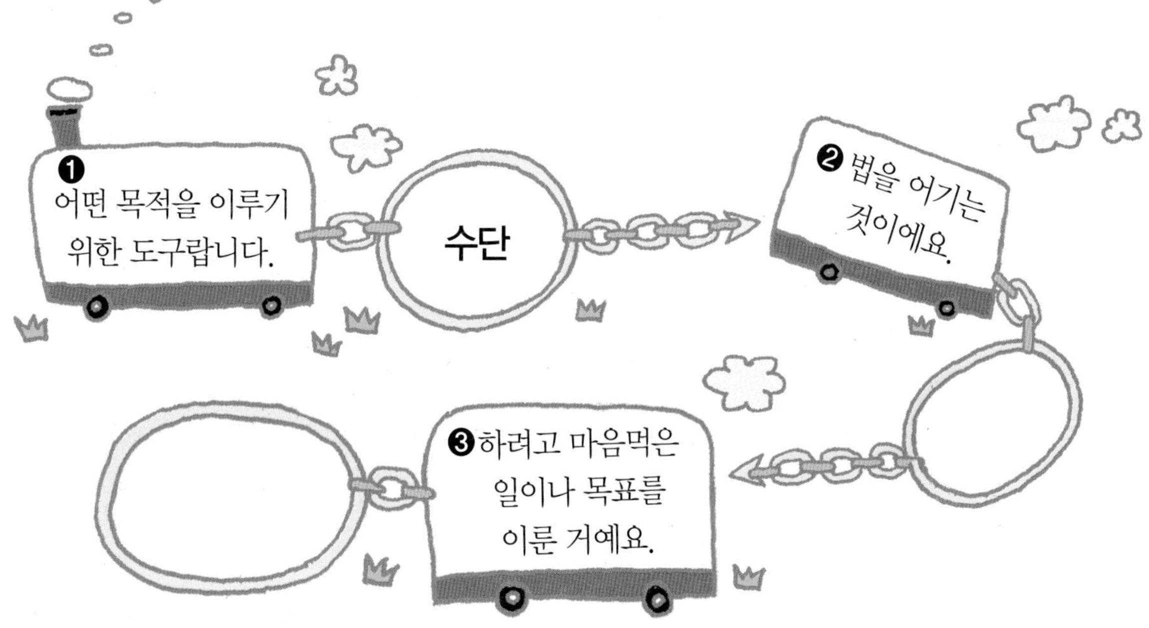

❶ 어떤 목적을 이루기 위한 도구랍니다.
수단
❷ 법을 어기는 것이에요.
❸ 하려고 마음먹은 일이나 목표를 이룬 거예요.

나란히 붙어 있는 두 글자로 된 낱말이에요.

2

〈보기〉에 맞는 한자를 찾아 ◯표 하세요.

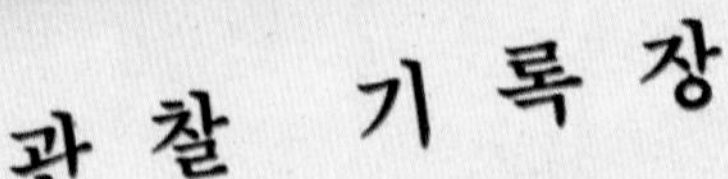

관찰 대상	일식 (2009년 7월 22일)
준비물	셀로판지, 두꺼운 종이, 가위, 풀

<일식 관찰용 안경>
두꺼운 종이에 셀로판지를 여러 장 붙여서
안경을 만든다. 이 안경으로 일식을 관찰한다.

<일식의 변화 모습>

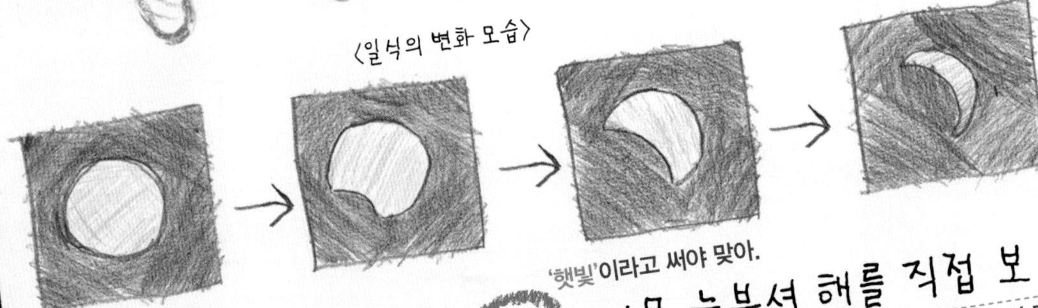

오늘은 일식이 있는 날! 햇볕이 너무 눈부셔 해를 직접 보면 큰 일 난다. 하지만 셀로판지를 여러 장 치면 일식을 잘 볼 수 있다. 해가 마치 초승달처럼 됐다가 다시 재대로 됐다. 정말 신기했다.

'햇빛'이라고 써야 맞아.

'겹치면'이 맞아.

'큰일'로 붙여 써야 해.

'제대로'라고 쓰렴.

*이 글은 초등학교 3학년 어린이가 쓴 관찰 기록문입니다.

눈부신 '햇빛', 뜨거운 '햇볕'

해의 빛을 나타낼 때에는
'햇볕'이 아니라 '햇빛'이라고 써야 해.
'햇볕'은 '해가 내리쬐는 뜨거운 기운'을 말하고,
'햇빛'은 '해의 빛'을 뜻하는 말이거든.
사람은 눈으로 빛을 느끼고, 피부로 뜨거운 기운을 느끼지?
그러니 '눈부신 햇볕' 대신 '눈부신 햇빛'이라고 써야 한단다.

햇빛

- 해의 빛.
  - 예 햇빛이 눈부시게 비쳤다.
- 세상에 알려져 칭송받는 것을 비유적으로 이르는 말.
  - 예 살아생전에 그의 소설은 햇빛을 보지 못하고 묻히고 말았다.

아, 눈부신 햇빛!

햇볕이 너무 뜨거운데~

햇볕

- 해가 내리쬐는 뜨거운 기운. ≒볕.
  - 예 여름철 뜨거운 햇볕 아래 곡식이 익어 간다.

1

❶~❹의 뜻을 가진 낱말이 되도록 거미 등의 빈칸에 알맞은 글자를 쓰세요.

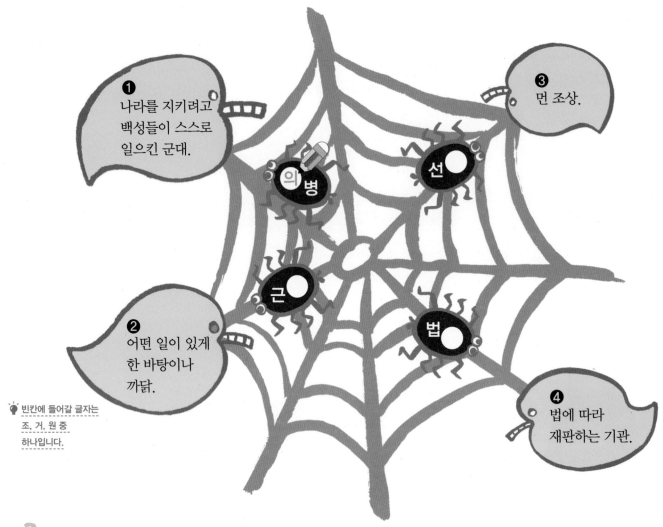

❶ 나라를 지키려고 백성들이 스스로 일으킨 군대.

❷ 어떤 일이 있게 한 바탕이나 까닭.

❸ 먼 조상.

❹ 법에 따라 재판하는 기관.

의병

선○

근○

법○

빈칸에 들어갈 글자는 조, 거, 원 중 하나입니다.

2

〈보기〉에서 설명하는 한자를 빈칸에 각각 쓰세요.

〈보기〉 ❶ 보이면 또 절해야 하는 분이니, 할아버지 조, 조상 조.
❷ 물이 흘러가듯 이치에 맞아야 하는 것이 법이니, 법 법.

바깥쪽에 있는 글자들을 합치면 한자의 모양을 알 수 있어요.

제5일차

3 ❶~❸에서 사다리를 타면 같은 색의 빈칸이 나와요.
❶~❸의 뜻에 맞는 낱말이 되도록 빈칸에 알맞은 글자를 쓰세요.

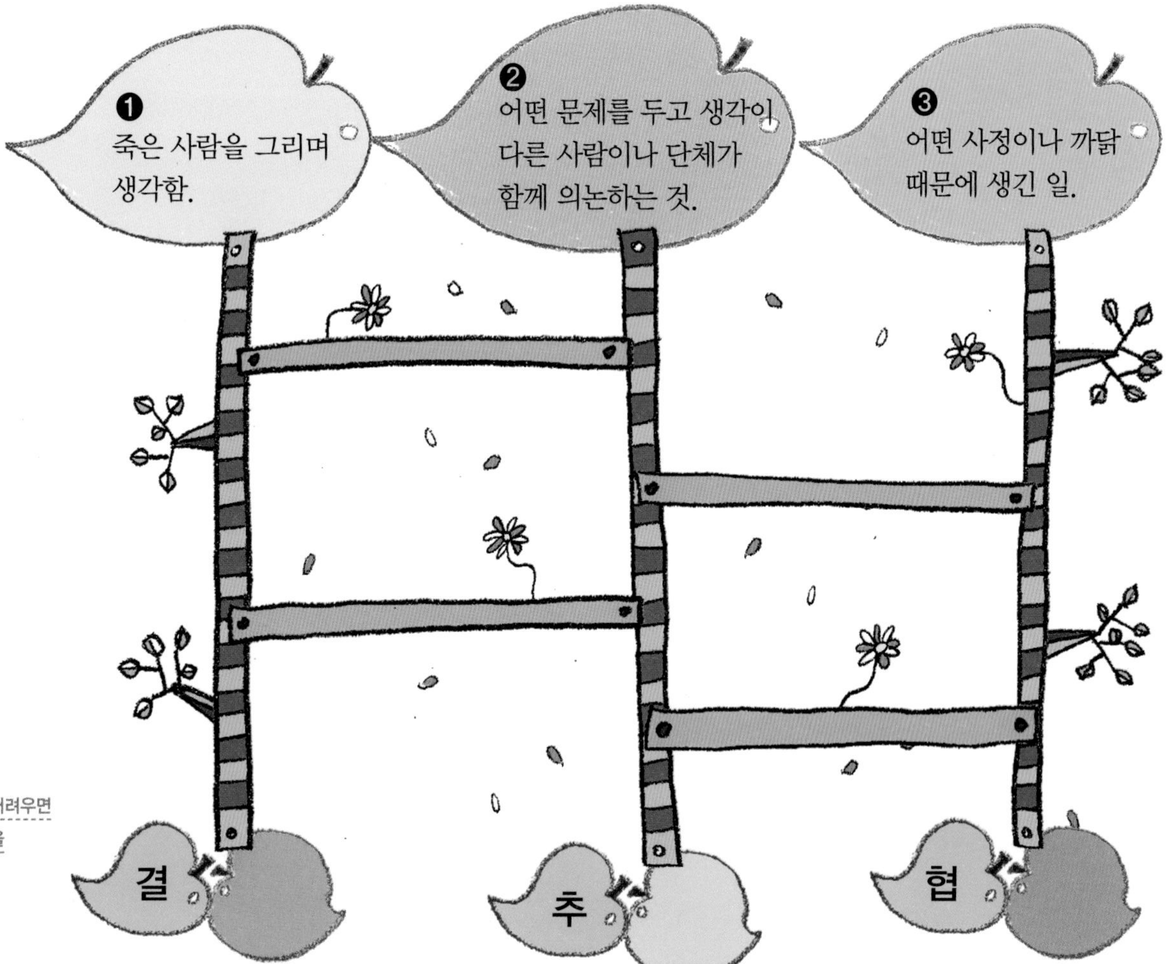

❶ 죽은 사람을 그리며 생각함.

❷ 어떤 문제를 두고 생각이 다른 사람이나 단체가 함께 의논하는 것.

❸ 어떤 사정이나 까닭 때문에 생긴 일.

결 추 협

사다리 타기가 어려우면 같은 색의 빈칸을 찾아가세요.

4 <보기>의 한자를 완성하려면 어떤 글자 조각이 필요한지 ❶~❹에서 고르세요.

<보기> 울타리가 큰 것이 편히 지내는 까닭이 되니, 까닭 인.

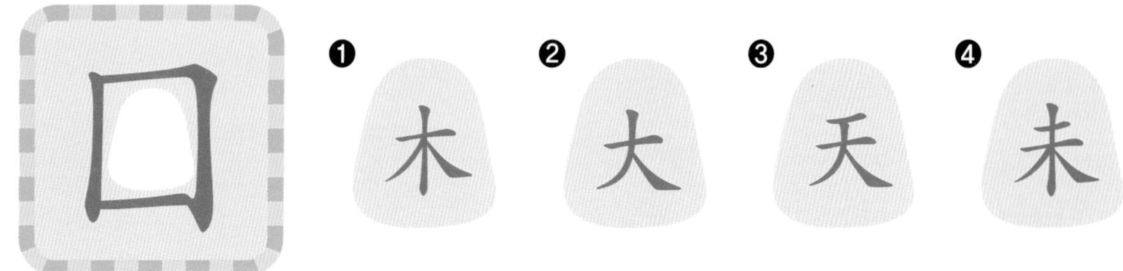

평가 문제

1~2 빈칸에 들어갈 낱말을 〈보기〉에서 골라 쓰세요.

〈보기〉 조국, 사신, 협상

1. 그들은 어려서 떠난 (   )이 그리워 50년 만에 돌아왔다.

2. 임금의 명령을 받고 다른 나라에 가는 신하를 (   )이라고 해.

3~4 다음 글을 읽고 물음에 답하세요.

(가) 삼촌과 숙모가 부부의 ㉠**인연**을 맺은 건 우연한 기회 때문이었어요. 여행 도중 자동차가 고장 난 숙모에게 지나가던 삼촌이 도움을 주었거든요. 첫눈에 숙모에게 반한 삼촌은 온갖 ㉡**수단**을 동원해 숙모의 사랑을 얻었지요. 삼촌과 숙모는 두 사람의 만남의 ㉢**원인**이 된 자동차를 아직까지도 보물처럼 여기고 있답니다.
(나) 윤봉길 의사는 일본에게 빼앗긴 조국의 독립을 위해 최선의 노력을 다한 분입니다. 목숨을 걸고 일본 대장에게 폭탄을 던졌지요.

3. **㉠과 ㉢에 공통으로 들어있는 〈보기〉의 한자를 써 보세요.**

4. **㉡의 뜻으로 바른 것을 고르세요. (   )**

❶ 하려고 마음먹은 일이나 목표 등을 이룸.
❷ 나라와 나라 사이에 맺은 약속.
❸ 어떤 사정이나 까닭 때문에 생긴 일.
❹ 어떤 목적을 이루기 위한 도구.
❺ 자기 생각이나 의견을 굳게 내세움.

5. **〈보기〉의 뜻을 가진 낱말을 (나)에서 찾아 쓰세요. (   )**

〈보기〉 나라를 위해 싸우다가 의롭게 죽은 사람.

6 ~ 8 주어진 문장의 밑줄 친 부분과 바꾸어 쓸 수 있는 말을 〈보기〉에서 골라 빈칸에 쓰세요.

〈보기〉 추모, 시조, 인과관계

6. 우리 민족의 **맨 첫 조상**은 단군 할아버지야.

→ 우리 민족의 ______ 는 단군 할아버지야

7. 매년 삼일절이 되면 나라를 위해 목숨을 바친 독립 운동가들을 **그리며 생각하는** 행사가 열린다.

→ 매년 삼일절이 되면 나라를 위해 목숨을 바친 독립 운동가들을 ______ 하는 행사가 열린다.

8. 흥부가 제비 다리를 고쳐 준 것과 흥부가 부자가 된 것에는 **원인과 결과의 관계**가 있다.

→ 흥부가 제비 다리를 고쳐 준 사건과 흥부가 부자가 된 사건은 ______ 가 있다.

9 ~ 10 다음 글을 읽고 물음에 답하세요.

(가) 아침에 늦잠을 잤다. 지각할까봐 급한 마음에 빨간불일 때 횡단보도를 건너고 말았다. 수업 시간에 선생님께서 빨간불이 켜졌을 때 횡단보도를 건너는 것은 위험할 뿐만 아니라 ㉠**위법**이라고 말씀하셨다. 다음부터는 아무리 급해도 파란불일 때만 횡단보도를 건너야겠다.

(나) 우리나라와 중국은 1992년 (㉡) 관계를 맺고, 양국에 대사관을 세웠다.

9. ㉠의 반대가 되는 말을 고르세요. (   )

❶ 헌법 ❷ 준법 ❸ 법원

❹ 방법 ❺ 달성

10. ㉡에 들어갈 알맞은 말을 고르세요. (   )

❶ 외교 ❷ 의병 ❸ 주장

❹ 결과 ❺ 패인

1미터를 100으로 나누면 1센티미터!

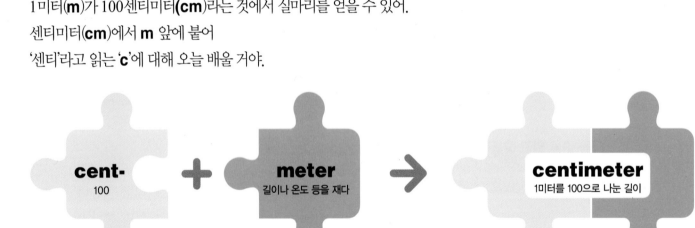

길이를 잴 때 우리는 '미터'라는 단위를 사용해.
미터[meter]에는 원래 '길이나 온도 등을 재다'라는 뜻이 있어.
그렇다면 센티미터[centimeter]는 어떻게 만들어진 단어일까?
1미터(**m**)가 100센티미터(**cm**)라는 것에서 실마리를 얻을 수 있어.
센티미터(**cm**)에서 **m** 앞에 붙어
'센티'라고 읽는 '**c**'에 대해 오늘 배울 거야.

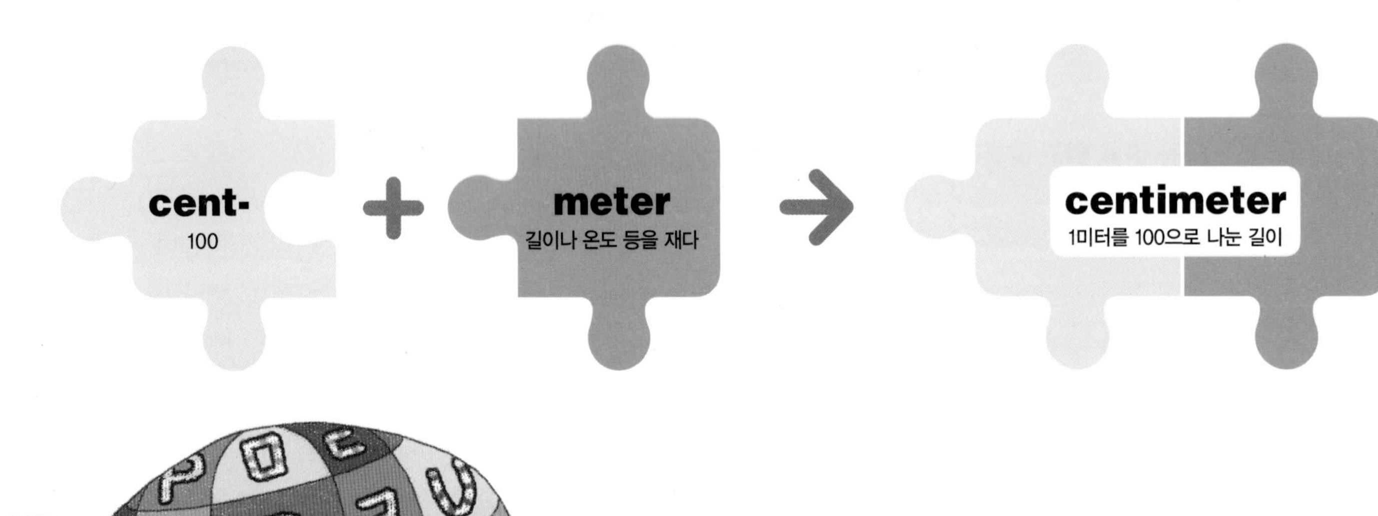

cm은 센티미터[centimeter] 의 기호란다.
cent-는 백(=100)을 뜻해.
그래서 1미터[centimeter]를 100으로 나눈 길이가 1센티미터[centimeter]가 되는 거야.
그러니까 당연히 1m=100cm라는 등식이 성립되는 거지.
그럼 센티미터[centimeter] 말고도 '백(=100)'이라는 뜻의 **cent-**가 들어간 단어들을 알아볼까?

cent

미국에서 쓰는 1센트[cent] 짜리 동전은 1달러의 $\frac{1}{100}$의 값이야.
1센트[cent]가 100개 있어야 1달러가 되는 것이지.

percent

%는 퍼센트[percent]의 기호야.
퍼센트[percent]는 '전체인 **100**[cen]에 대하여[per] 어떤 것이 가지는 비율'이야.
백분율이라고도 하지.
100원의 50%는 50원이야.

centigrade

섭씨[centigrade]는 온도를 말할 때 쓰는 단위야.
섭씨[centigrade]는 얼음이 어는 온도를 0도, 물이 끓는 온도를 100도로 하고 그 사이를 100[cent]등분하여 온도의 정도[grade]를 나타낸 거야.

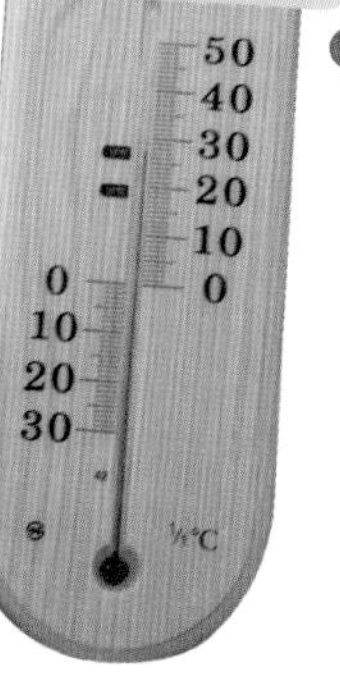

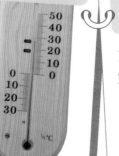

century

1세기[century]는 100[cent]년이야.
21세기는 2001년부터 2100년까지 100년 동안의 기간을 말해.

콕콕 정답

제1일차

05쪽 1. 고고학 2. 침략 3. 발굴
4. 해독 5. 유적 6. 유물

06쪽 ❶ 유적 ❷ 유물

07쪽 ❶ 유전 ❷ 유골 ❸ 유산

08쪽 ❶ 가운데 ❷ 하나 ❸ 재물
❹ 걸어가니 ❺ 유

09쪽

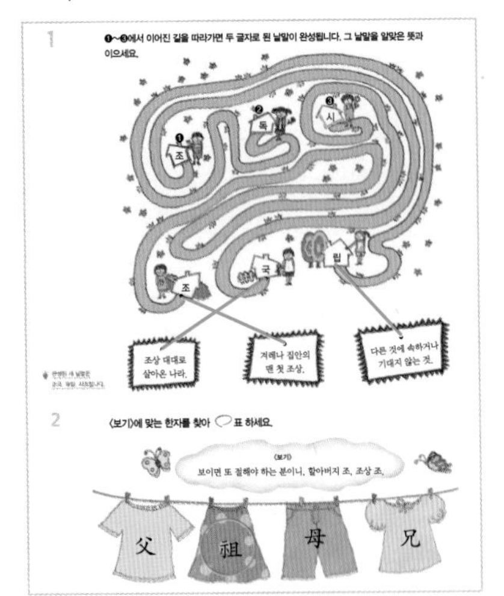

제2일차

10쪽 ❶ 도굴 ❷ 발굴 ❸ 채굴

11쪽 ❶ 발휘 ❷ 발제 ❸ 발표

12쪽 ❶ 활 ❷ 몽둥이 ❸ 발

13쪽

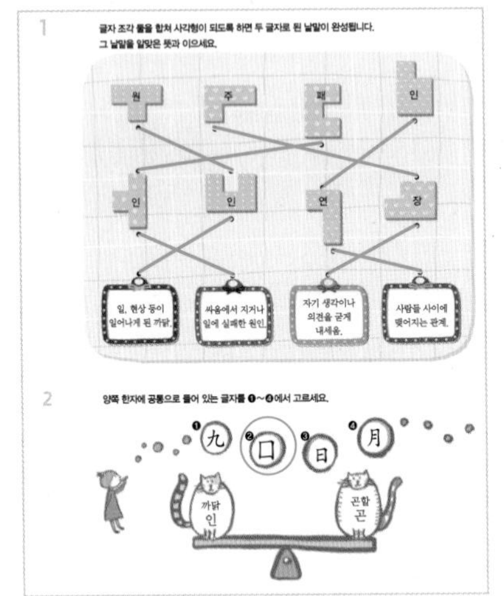

제3일차

17쪽 1. 낙원 2. 암석 3. 산지
4. 화석 5. 지층 6. 퇴적

18쪽 ❶ 암석 ❷ 화석

19쪽 ❶ 지질 시대 ❷ 중생대 ❸ 신생대

20쪽 ❶ 엄 ❷ 암

21쪽

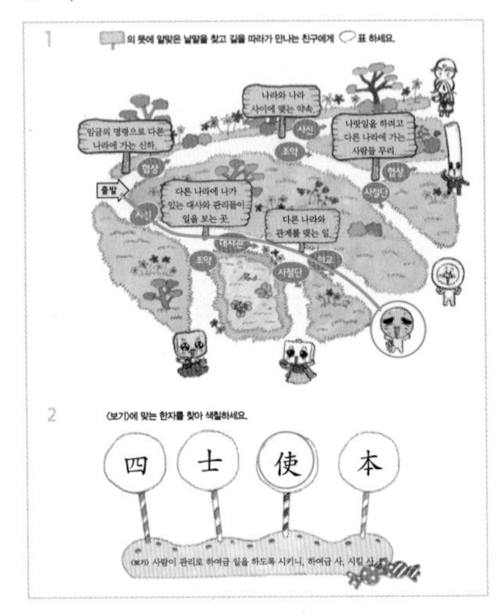

제4일차

22쪽 ❶ 퇴적 ❷ 퇴적암 ❸ 사암
❹ 이암 ❺ 역암

23쪽 ❶ 지층 ❷ 노년층 ❸ 고객층

24쪽 ❶ 책임 ❷ 적

25쪽

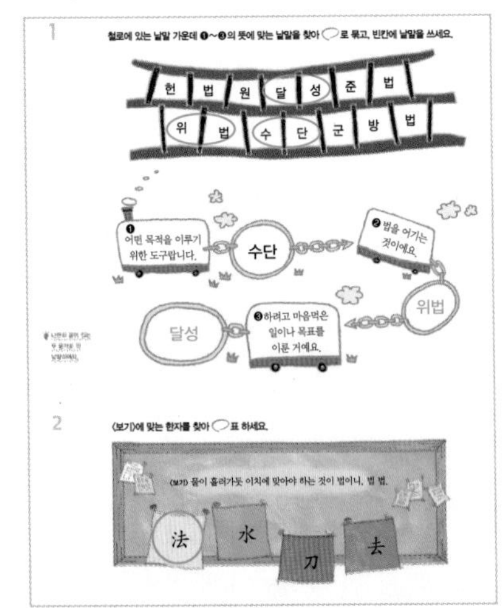

제5일차

도전! 어휘왕

28-29쪽

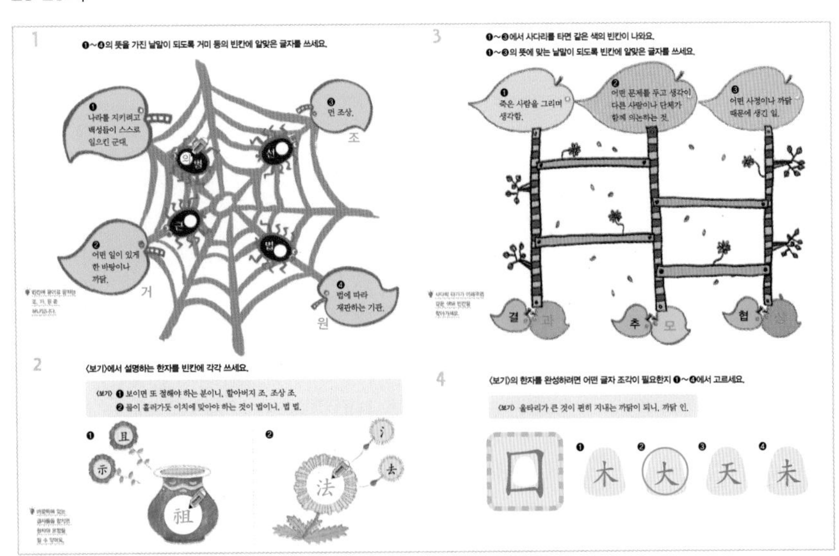

평가 문제

30-31쪽 1. ❹ 2. ❶ 3. 遺 4. 발굴 5. ❸
6. 퇴적암 7. 이암 8. 지층 9. 화석 10. ❷

여러 가지 가정 행사와 관련된 말

가정에서 치르는 행사는 참 많아. 고모가 혼례가 치르고 나서
사촌 동생이 생기면 백일잔치, 돌잔치를 해.
할아버지는 환갑잔치하시고, 제사도 지내셔. 처음에는 멋모르고
따라만 다녔는데 자세히 보니 그 말들에 다 뜻이 있다지 뭐야.

가정의례(家庭儀禮)	가정(家庭)에서 치르는 행사 중에서도 형식을 갖춘 의례(儀禮)를 말해. 결혼이나 장례식, 제사 따위가 있지.
관혼상제(冠婚喪祭)	관례, 혼례, 상례, 제례를 아울러 이르는 말이야.
관례(冠禮)	어른이 되었음을 상징하기 위해 갓【冠】을 쓰는 의례【禮】. 요즘 말로 하면 성년식(成年式)이지. 옛날에는 15~20세 정도가 되면 관례를 치르고 어른 대접을 했어.
혼례(婚禮)	남녀가 혼인하는【婚】 의례【禮】로서 결혼식을 말해. 남녀가 서로 부부가 되기를 맹세하고 약속하는 의식이 바로 결혼식이지.
상례(喪禮)	돌아가신【喪】 분을 위해 지내는 모든 의례【禮】를 말해. 돌아가신 분과 세상에서 마지막 이별을 하는 의식이므로 정중하고 엄숙하게 치른단다.
제례(祭禮)	돌아가신 조상을 기리며 제사【祭】를 지내는 의례【禮】란다. 돌아가신 분의 넋에게 음식을 바치어 정성을 나타내지.
돌	아기가 태어난 날로부터 한 해가 되는 날로 첫 생일이야. 돌날에는 친척 어른들을 모시고 아이의 성장을 기뻐하며 장차 아이가 건강히 잘 자라기를 기원한단다.
돌잡이	돌날에 돌상을 차리고 아이에게 마음대로 골라잡게 하는 일이야. 흔히 실·돈·곡식·붓·책·국수·활 따위를 돌상에 차리는데, 어느 것을 고르는가로 그 아이의 장래를 점쳤어.
수연(壽宴)	장수(長壽)를 축하하는 잔치인데, 보통 환갑잔치를 말해. 환갑은 태어나서 60년이 되는, 즉 61세가 되는 해의 생일이란다. 옛날에는 평균 수명이 짧아서 환갑만 넘겨도 큰 경사로 여겨 잔치를 벌였어.

마법의 상위권 어휘 스스로 평가표

01

다음 중 뜻을 자신 있게 말할 수 있는 낱말은 ○표, 알쏭달쏭한 낱말은 △표, 자신 없는 낱말은 ×표 하세요.

조국 (　　) | 원인 (　　) | 사신 (　　) | 수단 (　　)

02

다음 중 뜻과 음을 자신 있게 말할 수 있는 한자는 ○표, 알쏭달쏭한 한자는 △표, 자신 없는 한자는 ×표 하세요.

祖 (　　) | 因 (　　) | 使 (　　) | 法 (　　)

03

〈평가 문제〉를 모두 풀고 정답을 확인해 보세요. 10문항 중 내가 맞힌 문항 수는 몇 개인가요?

❶ 9-10문항 (　　) | ❷ 7-8문항 (　　) | ❸ 5-6문항 (　　) | ❹ 3-4문항 (　　) | ❺ 1-2문항 (　　)

| 부모님과 선생님께 |

위에서 어린이가 스스로 적은 내용을 보고, 어린이가 어려워하는 부분을 함께 보면서 어휘의 뜻과 쓰임을 이해할 수 있도록 해 주세요.

초등 3-2 단계

스토리텔링식 신교과서 학습을 위한

마법의 상위권 어휘

제 4 호

어휘가 쑥쑥 자라요.

부모님과 선생님께서는 이렇게 지도해 주세요

제 1 일차	제 2 일차	제 3 일차	제 4 일차	제 5 일차
다섯 손가락의 대화를 읽고, 대표 어휘 '판본체'와 한자 '訓'을 익힙니다. '판본체'에서 확장된 여러 낱말의 뜻을 스스로 추론해 보도록 지도해 주세요.	대표 어휘 '통계'의 뜻과 한자 '表'를 익히고, 관계있는 낱말도 함께 익힙니다. 다지기 문제를 풀어 보고, '비, 눈의 종류'도 익히도록 해 주세요.	인어 공주의 사랑 이야기를 읽고, 대표 어휘 '음력'과 한자 '陰'을 익힙니다. '음력'에서 확장된 여러 낱말의 뜻을 스스로 추론해 보도록 지도해 주세요.	대표 어휘 '밀물'의 뜻과 한자 '海'를 익히고, 관계있는 낱말도 함께 익힙니다. 다지기 문제를 풀어 보고, '들르다'와 '들리다'를 구별하여 쓰도록 해 주세요.	재미있는 게임 문제와 학교 시험 유형의 평가 문제를 풀며 어휘 실력을 다집니다. '사이클리스트(cyclist)'와 구성 원리가 비슷한 영단어들도 함께 익히도록 해 주세요.

이런 내용을 배워요!

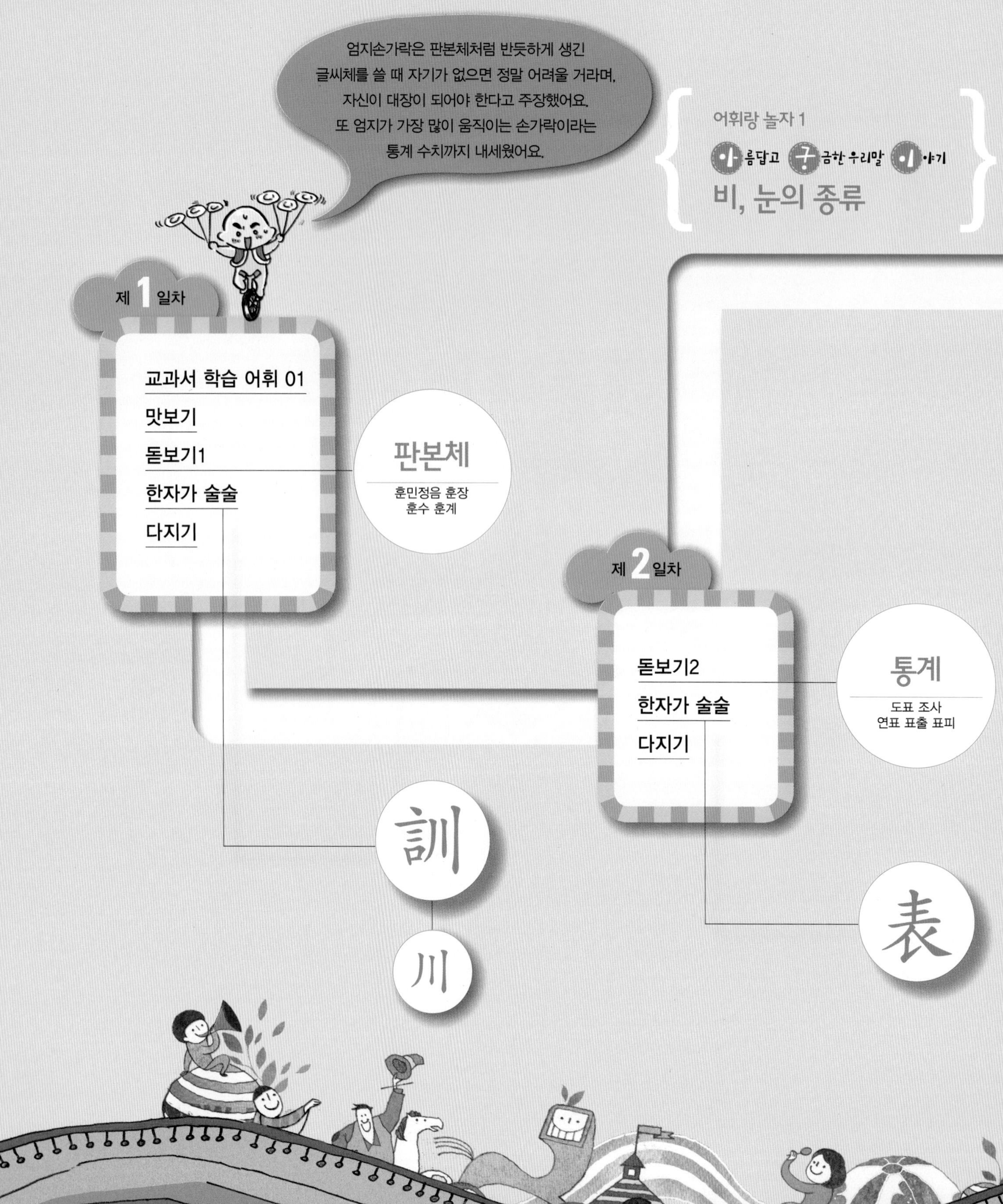

엄지손가락은 판본체처럼 반듯하게 생긴
글씨체를 쓸 때 자기가 없으면 정말 어려울 거라며,
자신이 대장이 되어야 한다고 주장했어요.
또 엄지가 가장 많이 움직이는 손가락이라는
통계 수치까지 내세웠어요.

어휘랑 놀자 1

아름답고 궁금한 우리말 이야기

비, 눈의 종류

제 1 일차

- 교과서 학습 어휘 01
- 맛보기
- 돋보기1
- 한자가 술술
- 다지기

판본체

훈민정음 훈장
훈수 훈계

訓

川

제 2 일차

- 돋보기2
- 한자가 술술
- 다지기

통계

도표 조사
연표 표출 표피

表

인어 공주와 왕자님은 음력 보름과 그믐날 무렵,
한 달에 딱 두 번만 만날 수 있었어요.
그때가 밀물이 가장 높은 날이라서, 바닷물이
왕자님이 계신 성 앞까지 차올랐거든요.

제 3 일차

교과서 학습 어휘 02
맛보기
돋보기1
한자가 술술
다지기

음력
기원전 서기
초승달 상현달 월간

陰

陽

밀물
조석 만조 해수
해안 연해 해풍

제 4 일차

돋보기2
한자가 술술
다지기

海

어휘랑 놀자 3
외래어로 배우는 워드(word)라고요!
사이클리스트(cyclist)

제 5 일차

도전! 어휘왕
평가 문제

어휘랑 놀자 2
비슷해서 틀리기 쉬운 말 비교해서 틀리지 말자
친구 집에 '들르고', 소리는 '들리고'

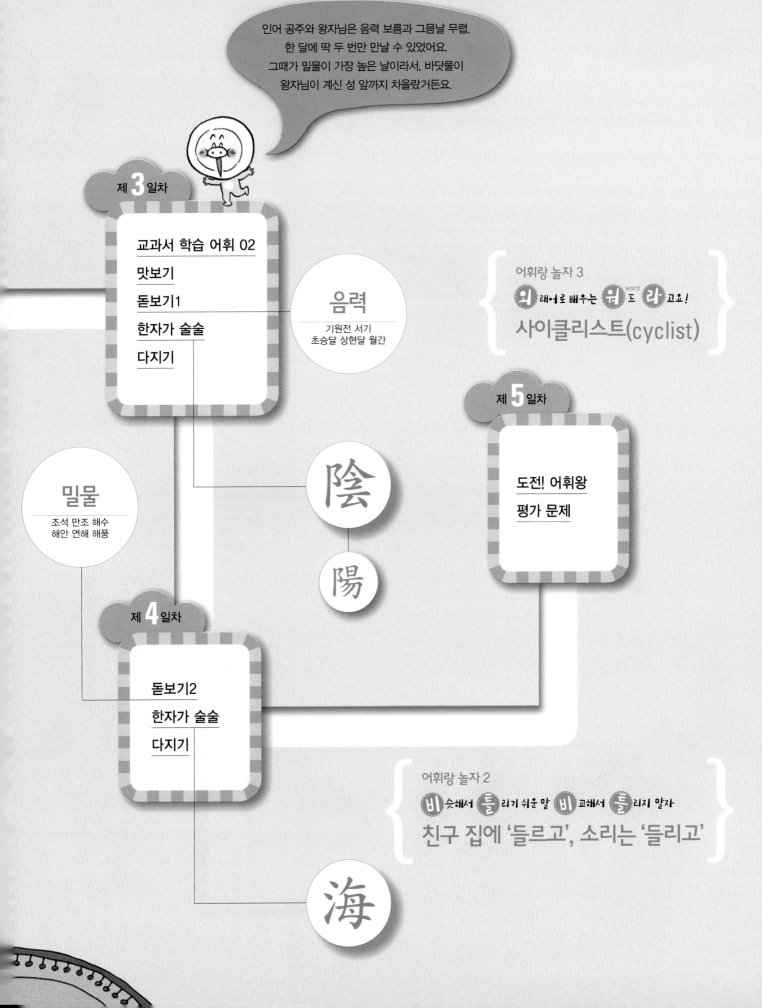

◑ 글 속의 주황색 낱말들은 무슨 뜻일까요? 잘 생각하면서 다음 글을 읽어 보세요.

지금까지 다섯 손가락 가운데 대장은 엄지였어요.

그런데 다른 손가락들이 자기들도 대장이 될 자격이 있다며 나섰어요. 한번 들어 볼까요?

둘째 손가락 검지가 먼저 "초인종을 누를 때 사람들은 나를 내밀어. 코를 파고 싶을 때도 내가 제격이지!"라면서 자기가 얼마나 필요한 존재인지 주장했어요.

셋째 손가락 중지도 "흥! 나보다 키가 큰 손가락 있으면 나와 봐."라며 지지 않았지요.

넷째 손가락도 자신 있게 나섰어요.

"나는 아픈 아이에게 줄 가루약을 물에 갤 때 사용한다고 약지라는 별명까지 있어. 결혼반지를 끼는 손가락도 바로 나라고."

"어이, 형님들! 약속할 때 새끼손가락 거는 것 잊었어요? 그만큼 내가 중요하다는 뜻이죠."라며 새끼손가락도 한마디 했어요.

가만히 듣고 있던 엄지가 말했어요.

"사람이 엄지를 쓰지 않고 글씨를 예쁘게 쓰기란 정말 어려운 일이야. 특히 판본체처럼 반듯하게 써야 하는 글씨체는 더욱 그렇지. 휴대 전화를 쓸 때도 마찬가지야. 번호 누를 때, 문자 보낼 때 사람들은 나만 이용하잖아? 사람들이 통계를 내 봤대. 평생 동안 우리 손가락이 몇 번이나 움직이는지. 자그마치 2500만 번이야. 그중의 절반은 내가 움직이는 거란다. 알았니?"

나머지 네 손가락이 멍하니 엄지를 쳐다보자, 엄지가 마지막 한마디를 날렸어요.

"사람들이 최고를 외칠 때 어느 손가락을 내미는지 생각해 보렴."

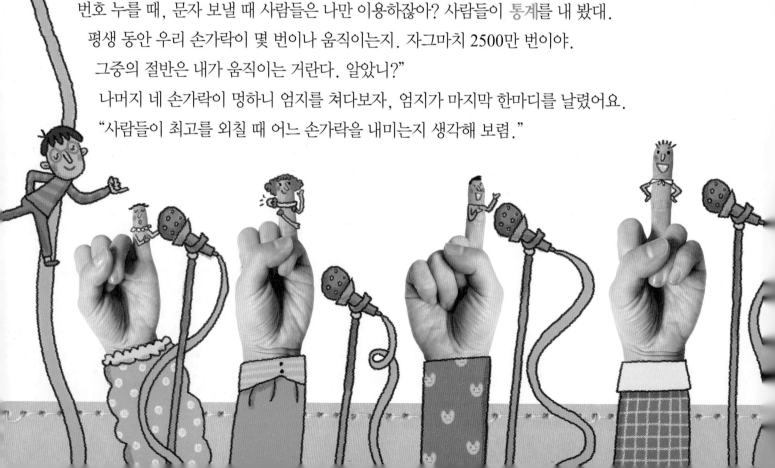

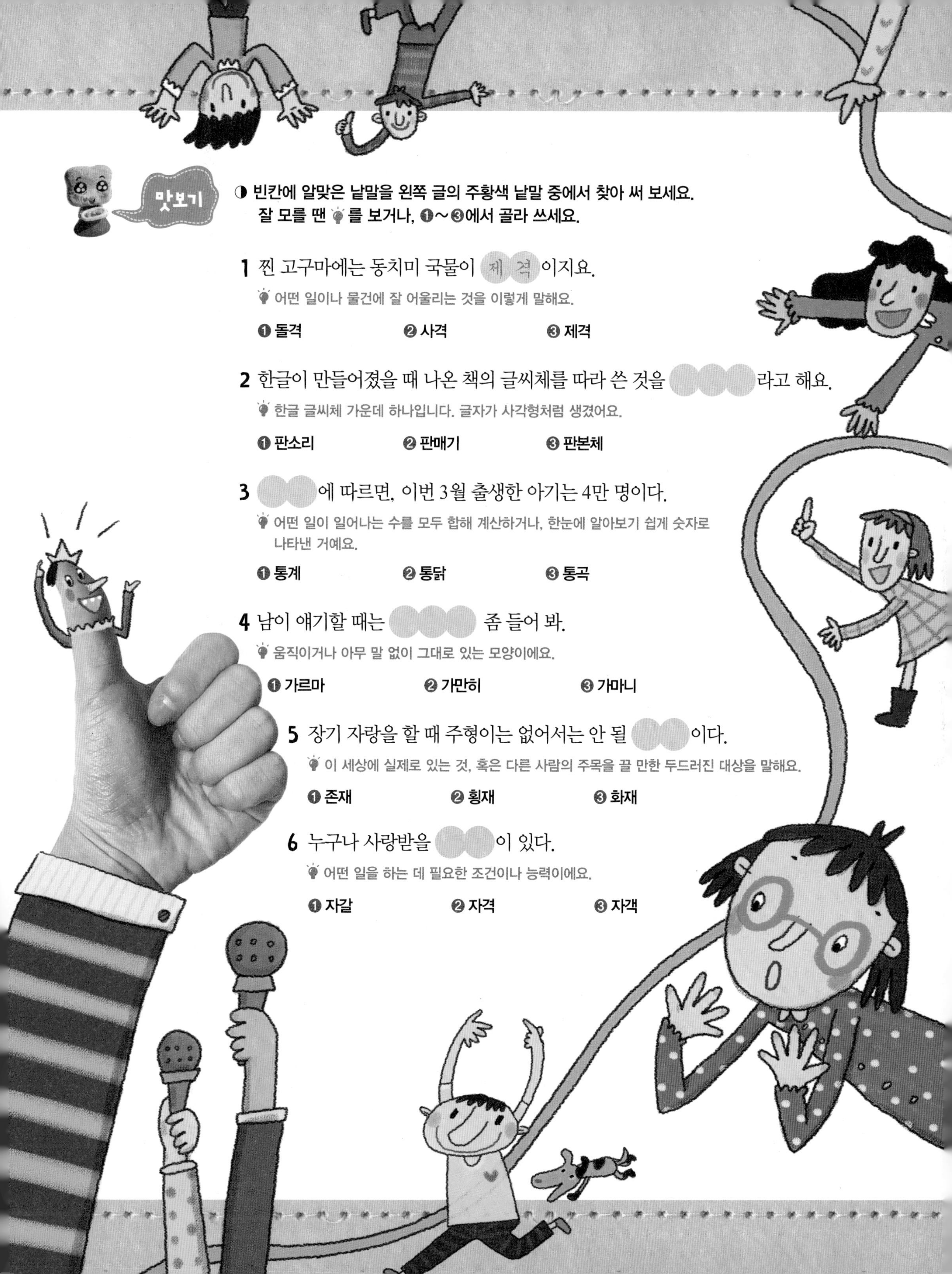

맛보기

◑ 빈칸에 알맞은 낱말을 왼쪽 글의 주황색 낱말 중에서 찾아 써 보세요.
잘 모를 땐 💡를 보거나, ❶~❸에서 골라 쓰세요.

1 찐 고구마에는 동치미 국물이 (제 격)이지요.

💡 어떤 일이나 물건에 잘 어울리는 것을 이렇게 말해요.

❶ 돌격 ❷ 사격 ❸ 제격

2 한글이 만들어졌을 때 나온 책의 글씨체를 따라 쓴 것을 (   )라고 해요.

💡 한글 글씨체 가운데 하나입니다. 글자가 사각형처럼 생겼어요.

❶ 판소리 ❷ 판매기 ❸ 판본체

3 (   )에 따르면, 이번 3월 출생한 아기는 4만 명이다.

💡 어떤 일이 일어나는 수를 모두 합해 계산하거나, 한눈에 알아보기 쉽게 숫자로 나타낸 거예요.

❶ 통계 ❷ 통닭 ❸ 통곡

4 남이 얘기할 때는 (   ) 좀 들어 봐.

💡 움직이거나 아무 말 없이 그대로 있는 모양이에요.

❶ 가르마 ❷ 가만히 ❸ 가마니

5 장기 자랑을 할 때 주형이는 없어서는 안 될 (   )이다.

💡 이 세상에 실제로 있는 것, 혹은 다른 사람의 주목을 끌 만한 두드러진 대상을 말해요.

❶ 존재 ❷ 횡재 ❸ 화재

6 누구나 사랑받을 (   )이 있다.

💡 어떤 일을 하는 데 필요한 조건이나 능력이에요.

❶ 자갈 ❷ 자격 ❸ 자객

돋보기1 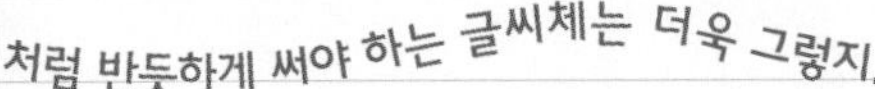

처럼 반듯하게 써야 하는 글씨체는 더욱 그렇지.

붓글씨가 두 가지 글씨체로 쓰여 있어. 오른쪽의 '흰구름'처럼 획의 굵기가 일정하고 글자의 전체적인 모양이 사각형인 글씨체를 '판본체'라고 해.
반면, 오른쪽의 '푸른산'처럼 멋을 내어 단정하게 쓴 글씨체를 '궁체'라고 한단다.
조선 시대 궁녀들이 쓰던 글씨체여서 궁체라는 이름이 붙었지.

흰 구 름 — 판본체.
푸 른 산 — 궁체.

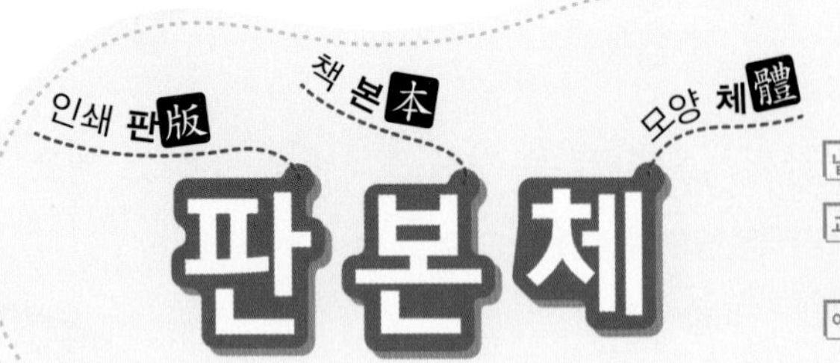

낱 훈민정음을 인쇄【版】한 책【本】에 있는 글씨 모양【體】.
교 한글 글씨체 가운데 하나. 〈훈민정음〉이나 〈용비어천가〉에 쓰인 글자에 바탕을 둔 글씨체이다.
예 판본체는 글자를 사각형 안에 꽉 채워서 써.

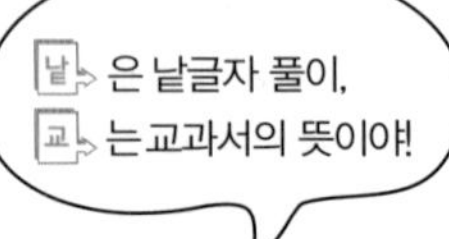

낱 은 낱글자 풀이,
교 는 교과서의 뜻이야!

판본체는 역사가 아주 오래된 글씨체야. 무려 500년이 넘었어.
세종 대왕과 집현전 학자들이 한글을 만들었다는 건 모두 알고 있지?
한글이 처음 만들어질 당시에는 '훈민정음'이라고 불렸어.
훈민정음은 백성을 가르치는 바른 소리라는 의미야.
세종 대왕은 훈민정음이 어떤 글자인지 설명하는 책을 펴냈는데,
책 이름 역시 〈훈민정음〉이었단다. 이 책에 사용된 글씨체가 바로 판본체야.

훈민정음은 누구나 쉽게 배울 수 있는 아주 과학적인 글자란다!

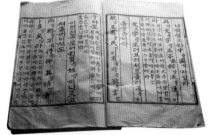

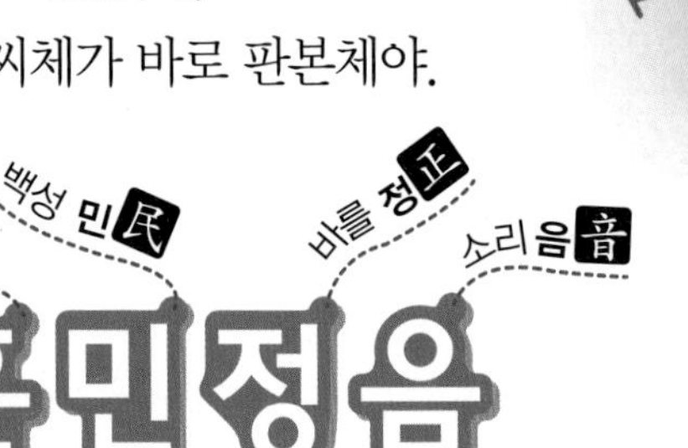

〈훈민정음〉

낱 백성【民】을 가르치는【訓】 바른【正】 소리【音】.
교 '백성을 가르치는 바른 소리'라는 뜻으로, 1443년에 세종이 만든 우리나라 글자.
예 현재 한글의 자음과 모음은 총 24자이지만, 훈민정음 창제 당시에는 28자였다.

빈칸에 알맞은 낱말을 〈보기〉에서 골라 써 보세요.

〈보기〉 판본체, 훈민정음

• 세종 대왕은 한자를 읽지 못하는 백성들을 위하여 ❶ ______ 을 만들었다.

• ❷ ______ 는 획의 굵기가 일정한 글씨체이다.

훈민정음(訓民正音)에 쓰인 가르칠 훈(訓)이 들어간 낱말을 알아보자.

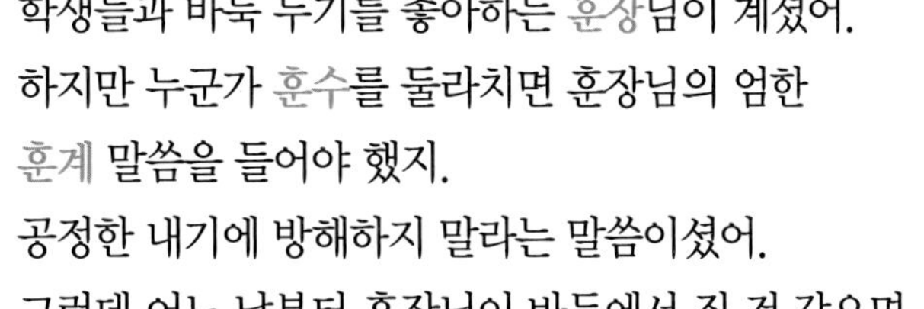

학생들과 바둑 두기를 좋아하는 훈장님이 계셨어.
하지만 누군가 훈수를 둘라치면 훈장님의 엄한
훈계 말씀을 들어야 했지.
공정한 내기에 방해하지 말라는 말씀이셨어.
그런데 어느 날부터 훈장님이 바둑에서 질 것 같으면
멍멍이가 짖지 않겠어? 서당 개 삼 년에 풍월을 읊는다더니,
멍멍이도 훈수를 둘 수 있게 된 거야.
과연 훈장님은 멍멍이에게도 훈계를 하셨을까?

제 1 일차

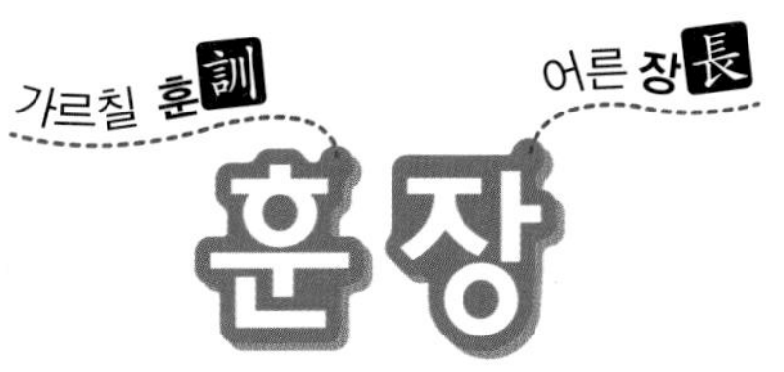

낱 서당에서 가르치는【訓】 어른【長】.

교 옛날에 글방에서 한문을 가르치던 선생.

요즘은 학교에서 선생님이
공부를 가르치지만, 옛날에는
서당에서 '훈장'님이 가르쳤단다.

예 청학동에는 아직도 훈장님이 계신다.

낱 교 바둑이나 장기 따위를 둘 때 구경하던 사람이 끼어들어 수(手)를 가르쳐【訓】 주는 것.

'훈수'란 바둑이나 장기를 둘 때 옆에 있는
사람들이 이렇게 둬라, 저렇게 둬라 가르쳐 주는 걸 말해.

예 너 옆에서 자꾸 훈수 둘 거야?

낱 가르쳐【訓】 경계함【戒】.

교 잘하라고 타이르고 가르치는 것. 또는 그런 말.

잘하라고 타이르고 가르치는 걸 말해.
우리가 잘못하면 선생님이 '훈계'를 하시지.

예 선생님께서 지각하지 말라고 학생들을 훈계하셨다.

쏙쏙 문제

빈칸에 알맞은 낱말을 〈보기〉에서 골라 써 보세요.

〈보기〉 훈장, 훈계, 훈수

- 친구와 다투고 난 뒤, 우정을 중요하게 생각하라는 선생님의 ❶ ______ 를 들었다.
- 내기 장기니까 ❷ ______ 두지 마라.
- 옛날에는 서당에서 ❸ ______ 님께 한문과 예절을 배웠다.

한자의 뜻과 유래에 대한 설명을 읽고, 한자를 익혀 보세요.

訓

6급

가르칠 훈

총 10획 | 부수 言, 3획

냇물은 위에서 아래로 흘러가지?
선생님이나 부모님이 우리를 가르치는 건 마치 냇물이 흐르는 것과 같아.
말씀【言】으로 냇물【川】이 위에서 아래로 흐르듯이 가르치니까 말이야.

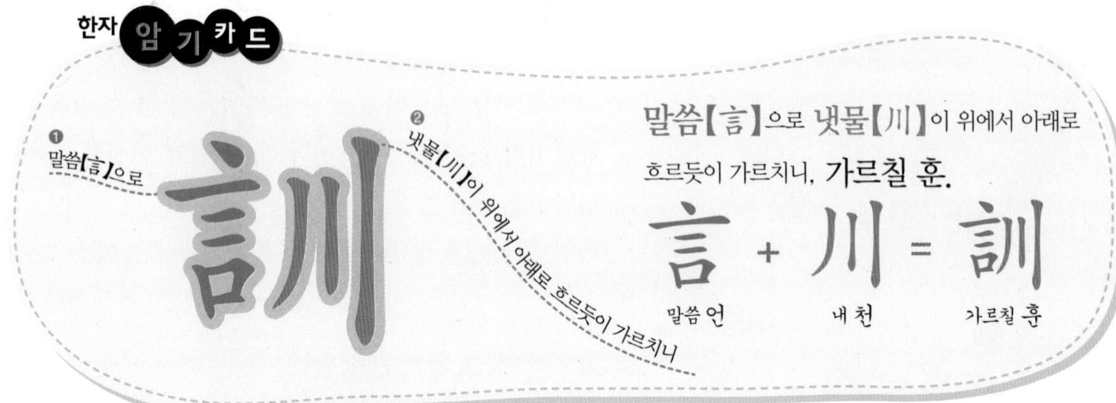

川

7급

내 천

총 3획 | 부수 川

물 흐르는 내【巛】를 본떠서, 내 천(川).
강보다 작고 개울보다 큰 물줄기를 '내'라고 해. 시골에 가면
냇물에서 물장구치며 놀 수 있어. 산과 내와 풀과 나무를 뜻하는
'산천초목'은 자연을 빗대어 이르는 말이란다.

낱·교 산【山】과 내【川】와 풀【草】과 나무【木】로, 자연을 빗대어 이르는 말.
예 우리 고향 산천초목은 정말 아름답다.

'한자 암기카드'를 보고 빈칸에 들어갈 말을 써 보세요.

❶ ( )【言】으로 ❷ ( )【川】이 위에서 아래로 흐르듯이 가르치니, 가르칠 훈(訓).

訓의 뜻은 가르치다 이고, 음은 ❸ ( ) 입니다.

訓의 어원을 생각하면서 필순에 따라 써 보세요.

訓 訓 訓 訓 訓 訓 訓 訓 訓 訓

訓	訓	訓	訓	訓			

1 열기구에서 ❶~❸으로 이어진 길을 따라가면 두 글자로 된 낱말이 완성됩니다. 그 낱말을 알맞은 뜻과 이으세요.

훈

❶ 장 ❷ 수 ❸ 계

잘하라고 타이르고 가르치는 것.

옛날에 글방에서 한문을 가르치던 선생.

바둑이나 장기를 둘 때 구경하던 사람이 끼어들어 수를 가르쳐 주는 것.

완성된 세 낱말은 훈장, 훈수, 훈계입니다.

2 〈보기〉에 맞는 한자를 찾아 ◯표 하세요.

〈보기〉
말씀으로 냇물이 위에서 아래로 흐르듯이 가르치니, 가르칠 훈.

지우는 자기가 살고 있는 아파트에 몇 명이 사는지,
남자, 여자는 각각 몇 명인지 등에 대해 '통계'를 내 보기로 했어.
통계는 어떤 일이 일어나는 수를 모두 합해 계산하거나,
한눈에 알아보기 쉽게 숫자로 나타낸 거야.
통계 결과, 아파트에 살고 있는 270명은 남자 140명, 여자 130명이었어.
나이별 통계는 오른쪽 표와 같아.

〈통계표〉 지우네 아파트 나이별 사람 수.

나이	사람 수
10대 이하	50명
10대	80명
20대	30명
30대	50명
40대	20명
50대	20명
60대 이상	20명

낱 모두 합해【統】 셈【計】함.
교 ❶ 어떤 일이 생기거나 일어나는 수를 모두 합해 계산하는 것.
❷ 어떤 현상을 한눈에 알아보기 쉽게 숫자로 나타낸 것.
예 매년 입학하는 초등학생이 몇 명인지 통계를 냈다.

통계 낸 것을 '도표'로 만들면 어떤 것이 가장 많고 적은지 한눈에 보인단다.
도표는 통계표를 그림으로 나타낸 거야.
오른쪽은 지우네 아파트의 나이별 통계표를 도표로 그린 거란다.

낱 교 어떤 내용을 그림【圖】으로 나타낸 표【表】.
예 우리 반 친구들의 부모님께서 하시는 일을 도표로 만들었다.

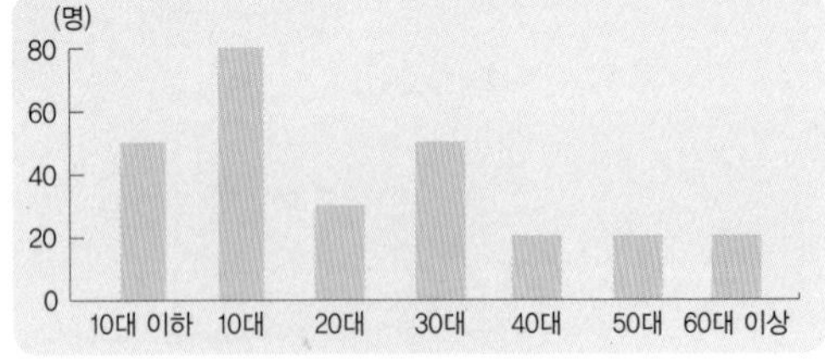

〈도표〉 지우네 아파트 나이별 사람 수.

통계를 내기 위해 지우는 집집마다 다니며 '조사'를 했어.
조사는 어떤 것을 정확하게 알아내려고 자세히 살피는 거야.

헤아릴 조調 살펴볼 사査
조사

낱 정확히 헤아리기【調】 위해 살펴봄【査】.
교 어떤 것을 정확하게 알아내려고 자세히 살피는 것.
예 환경오염의 원인을 조사했다.

빈칸에 알맞은 낱말을 〈보기〉에서 골라 써 보세요.

〈보기〉 통계, 조사, 도표

• 경찰은 사고의 원인을 ❶ ____ 하기 시작했다.
• 우리 반 친구들 가운데 남자와 여자가 각각 몇 명인지 ❷ ____ 를 낸 뒤, 그것을 ❸ ____ 로 그렸다.

여자 16명 남자 18명

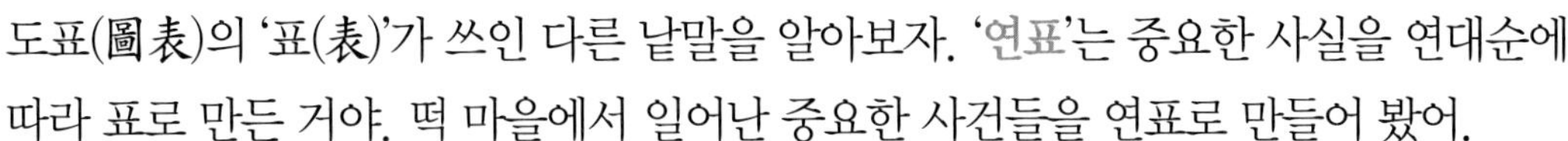

도표(圖表)의 '표(表)'가 쓰인 다른 낱말을 알아보자. '연표'는 중요한 사실을 연대순에 따라 표로 만든 거야. 떡 마을에서 일어난 중요한 사건들을 연표로 만들어 봤어.

해 년 年 표 표 表

낱 연(年)대순으로 만든 표【表】.
교 역사에서 중요한 사실을 연대순으로 늘어놓은 표. 연대표와 같은 말.
예 조선의 역사를 연표로 정리했다.

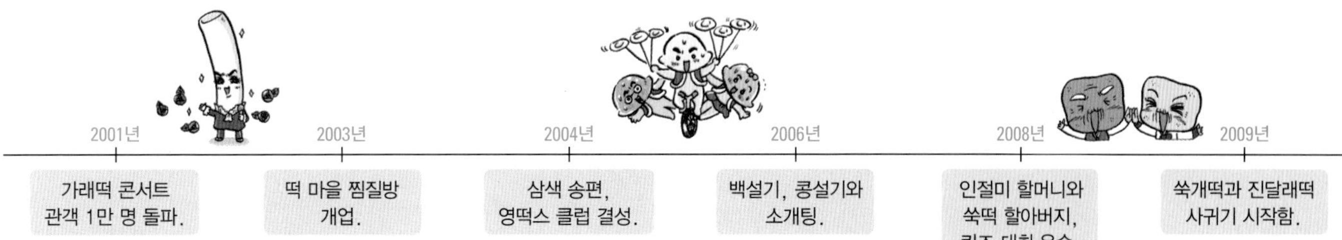

2001년
가래떡 콘서트 관객 1만 명 돌파.
2003년
떡 마을 찜질방 개업.
2004년
삼색 송편, 영떡스 클럽 결성.
2006년
백설기, 콩설기와 소개팅.
2008년
인절미 할머니와 쑥떡 할아버지, 퀴즈 대회 우승.
2009년
쑥개떡과 진달래떡 사귀기 시작함.

'표(表)'에는 '겉'이란 뜻도 있단다.
'표출'은 생각이나 느낌, 감정을 겉으로 나타내는 걸 말해.
기쁠 땐 웃음으로, 슬플 땐 눈물로 느낌을 표출하지.

분노의 감정 표출 중!

겉 표 表 드러낼 출 出

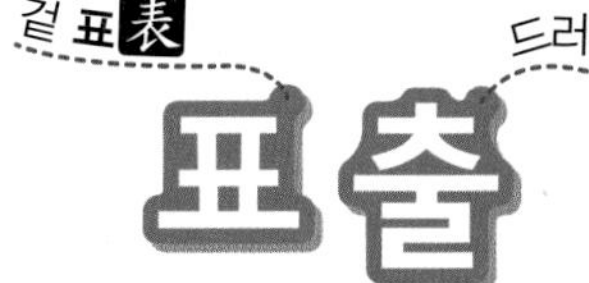

낱 교 생각, 느낌, 감정 따위를 겉【表】으로 드러냄【出】.
예 그는 자주 불만을 표출했다.

'표피'는 동물이나 식물의 몸을 덮고 있는 겉껍질이야.
나무의 표피는 거칠며 딱딱하고, 뱀은 자라면서 여러 번 표피를 벗는단다.

© Mikey eff

뱀이 벗어 놓은 표피.

낱 교 생물체의 몸을 덮고 있는 겉【表】껍질【皮】.
예 비듬은 머리의 표피가 떨어진 것이다.

빈칸에 알맞은 낱말을 〈보기〉에서 골라 써 보세요.

〈보기〉 연표, 표출, 표피

• 우리 가족의 역사를 ❶ ( ) 로 만드는 숙제를 했다.

• 물고기 ❷ ( ) 는 비늘로 덮여 있다.

• 너무 화가 나서 감정을 ❸ ( ) 하지 않을 수 없었어.

한자의 뜻과 유래에 대한 설명을 읽고, 한자를 익혀 보세요.

表

6급

걸 표

총 8획 | 부수 衣, 2획

추운 겨울에는 옷을 여러 겹 입어야 해.
이때 털【〒】로 된 옷【衣】을 겉에 입으면
웬만한 추위도 끄떡없이 견딜 수 있단다.
表에는 '겉'이라는 뜻 외에도 '표'라는 뜻이 있어.

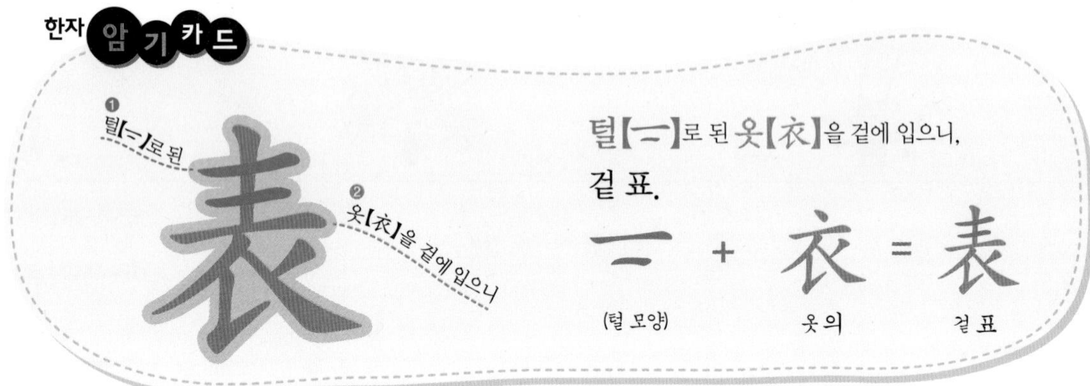

한자 암기카드
❶ 털【〒】로 된
表
❷ 옷【衣】을 겉에 입으니
털【〒】로 된 옷【衣】을 겉에 입으니,
겉 표.
〒 + 衣 = 表
(털 모양) 옷 의 겉 표

겉으로 보이는 모습과 속마음이 다른 사람을 '표리부동'한 사람이라고 해.

낱 겉【表】과 속【裏】이 같지【同】 아니【不】함.
교 마음이 음흉하고 불량하여 겉과 속이 다름.
예 알고 봤더니 그는 표리부동한 사람이었다.

이런, 할머니!
콩고물이 묻잖아요.
TV에선 예의 바른
척하더니, 표리부동한
녀석이었군!
미안.
툭
툭

'한자 암기카드'를 보고 빈칸에 들어갈 말을 써 보세요.

❶ (   )【〒】로 된 ❷ (   )【衣】을 겉에 입으니, 겉 표(表).

表의 뜻은 (겉) 이고, 음은 ❸ (   ) 입니다.

表의 어원을 생각하면서 필순에 따라 써 보세요.

表 表 表 表 表 表 表 表

表	表	表	表	表			

다지기

1

❶~❸에서 사다리를 타면 같은 색의 빈칸이 나와요.

❶~❸의 뜻에 맞는 낱말이 되도록 빈칸에 알맞은 글자를 쓰세요.

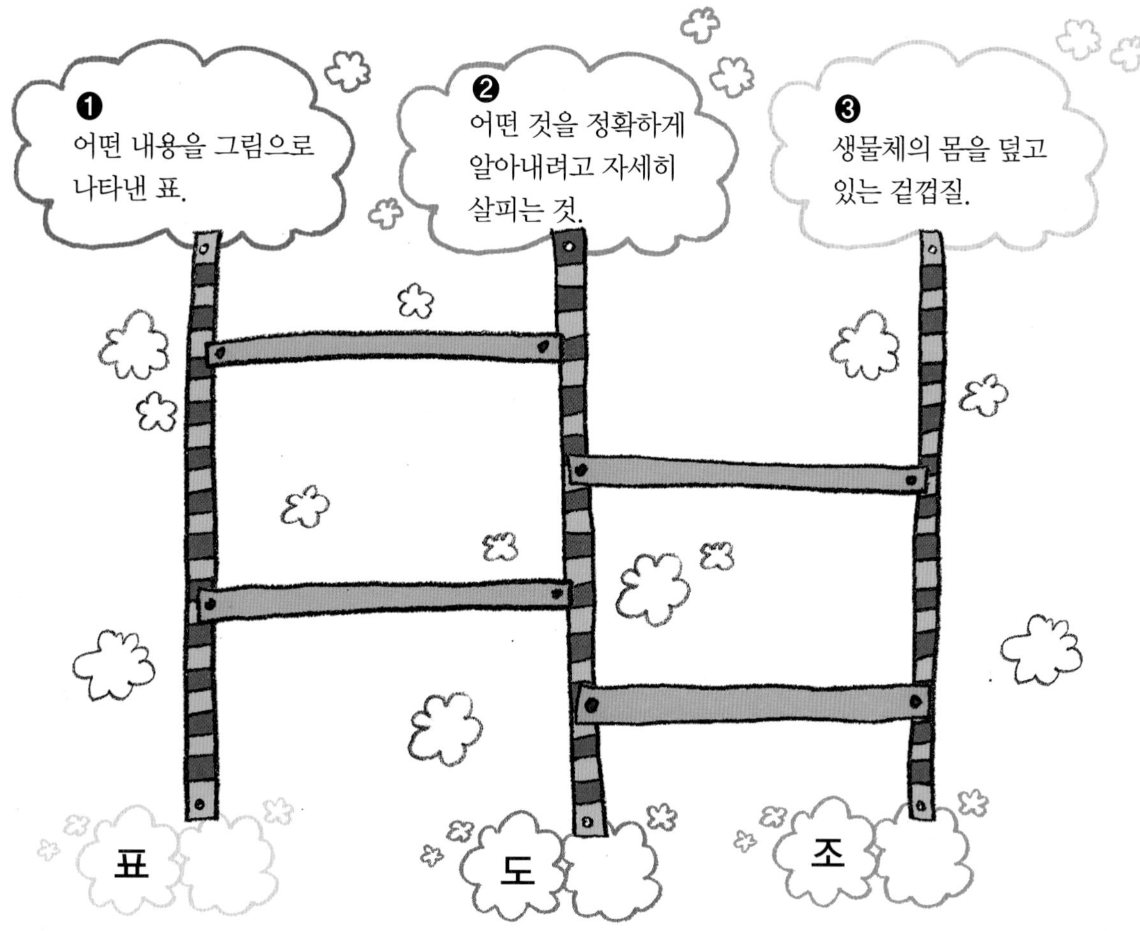
❶
어떤 내용을 그림으로
나타낸 표.
❷
어떤 것을 정확하게
알아내려고 자세히
살피는 것.
❸
생물체의 몸을 덮고
있는 겉껍질.
표
도
조

사다리 타기가 어려우면 같은 색의 빈칸을 찾아가세요.

2

表의 뜻이 바르게 적힌 것을 ❶~❹에서 골라 ◯표 하세요.

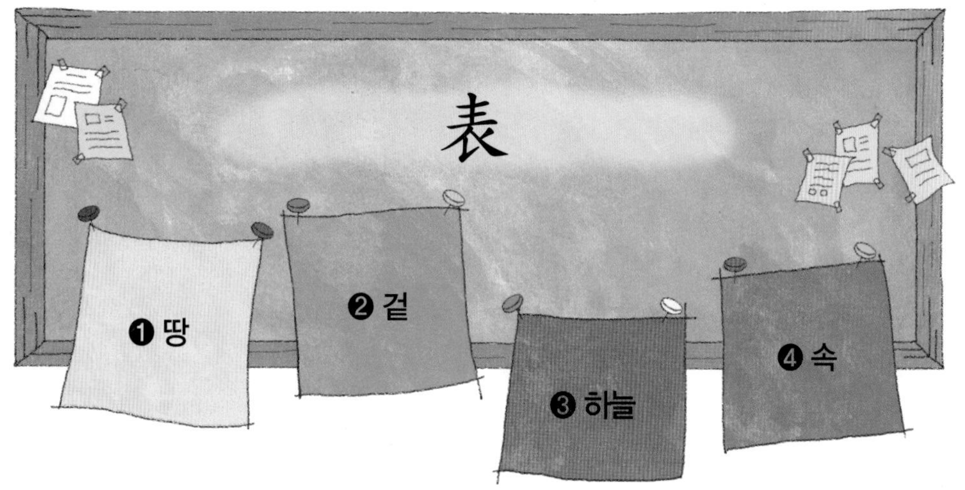
表
❶ 땅
❷ 겉
❸ 하늘
❹ 속

비, 눈의 종류

♫ 이슬비~ 내리는 이른 아침에
우산 셋이 나란히 걸어갑니다 ♪

파란 우산~깜장 우산
찢어진 우산~
이슬비에
무슨
우산이야?!

이 정도 비엔 남자답게
터벅터벅 걷는 거지!

하긴 이런 보슬비엔
나도 맨몸으로!

휙

이슬비

아주 가늘게 내리는 비.

보슬비

바람이 없는 날 가늘고 성기게
조용히 내리는 비.

저런! 가랑비에 옷 젖는 줄
모른다고, 감기 걸릴라.
척
척

그러고보니 아까보단
빗방울이 조금
굵어졌는걸.
그래도 난 끄떡없지!
하하하~

쏴아아아~
꺅!

갑자기 장대비가?!
앞이 안 보일 정도로 폭우야.
쏴아

완전 다 젖었어.
몸이 차가워져서 슬슬 추워지는걸.
덜
덜

가랑비

이슬비보다는 굵고 보통 비보다는 가늘게 내리는 비.

장대비

장대처럼 굵고 거세게 좍좍 내리는 비.

앗, 하늘에서 웬 부스러진 쌀알이?

하얏! 눈, 싸라기눈이야!!
찬 바람에 싸라기눈까지! 어서 집으로 가자.

꺄~

아니, 이런 때 그 우산들은 뭐야?

함박눈이 내리는데 뛰어놀아야지!
결국 감기에 된통 걸려서 요 모양 요 꼴이네.
꺄하하~
에취~

싸라기눈

빗방울이 갑자기 찬 바람을 만나 얼어 떨어지는 쌀알 같은 눈.

함박눈

굵고 탐스럽게 내리는 눈.

돋보기 음력 · 밀물

◑ 글 속의 주황색 낱말들은 무슨 뜻일까요? 잘 생각하면서 다음 글을 읽어 보세요.

인어 공주와 왕자님의 아름다운 사랑 이야기랍니다.
인어 공주가 바다에 빠진 왕자님을 구해 준 뒤, 두 사람은 **연인**이 되었어요.
서로 첫눈에 반했거든요.
하지만 안타깝게도 두 사람이 만날 수 있는 날은 많지 않았어요.
바닷물이 왕자님이 계신 성 앞까지 차올라야만, 인어 공주가 왕자님에게 갈 수 있었거든요.
음력 보름과 **그믐날** 무렵, **밀물**이 가장 높은 날이 그때였지요.
한 달에 두 번밖에 못 만나니 두 사람은 정말 괴로웠어요. 그래서 왕자님은 화상 전화기를 두 개 구입했어요. 전화로나마 서로의 얼굴을 보기 위해서였죠.
둘은 하루에도 몇 시간씩 통화를 했답니다. 그런데 어쩌지요?
전화 요금이 너무 많이 나와서 임금님에게 크게 야단을 맞고 말았어요.
결국 전화기도 뺏겼고요. 인어 공주는 보고 싶은 사람을 가까이에서 못 보니 **상사병**에 걸릴 지경이 되었지요. 그러던 어느 날, 인어 공주가 역시나

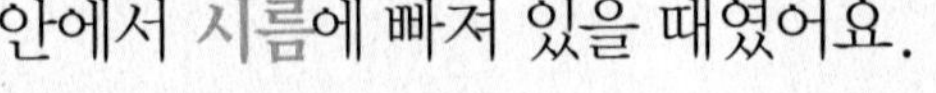

용궁 안에서 **시름**에 빠져 있을 때였어요.
눈앞에 왕자님이 나타난 게 아니겠어요?
왕자님이 인어 공주를 보고 싶은 마음에 용감하게도 스쿠버다이빙을 배운 거였어요. 그래서 인어 공주와 왕자님은 매일매일 만날 수 있게 되었답니다.

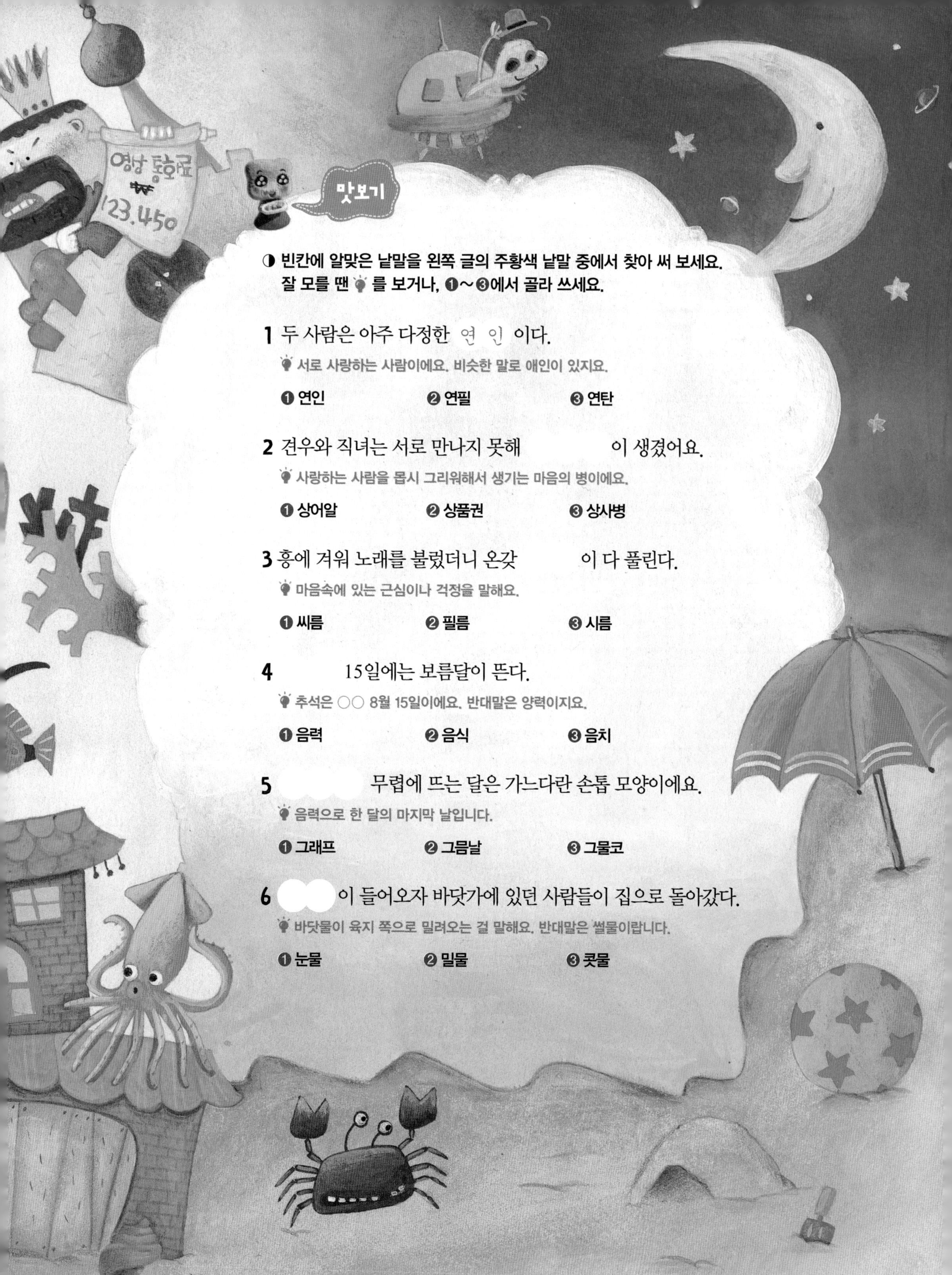

맛보기

◑ **빈칸에 알맞은 낱말을 왼쪽 글의 주황색 낱말 중에서 찾아 써 보세요.**
잘 모를 땐 💡 를 보거나, ❶~❸에서 골라 쓰세요.

1 두 사람은 아주 다정한 연 인 이다.

💡 서로 사랑하는 사람이에요. 비슷한 말로 애인이 있지요.

❶ 연인　　❷ 연필　　❸ 연탄

2 견우와 직녀는 서로 만나지 못해 ________ 이 생겼어요.

💡 사랑하는 사람을 몹시 그리워해서 생기는 마음의 병이에요.

❶ 상어알　　❷ 상품권　　❸ 상사병

3 흥에 겨워 노래를 불렀더니 온갖 ________ 이 다 풀린다.

💡 마음속에 있는 근심이나 걱정을 말해요.

❶ 씨름　　❷ 필름　　❸ 시름

4 ________ 15일에는 보름달이 뜬다.

💡 추석은 ○○ 8월 15일이에요. 반대말은 양력이지요.

❶ 음력　　❷ 음식　　❸ 음치

5 ________ 무렵에 뜨는 달은 가느다란 손톱 모양이에요.

💡 음력으로 한 달의 마지막 날입니다.

❶ 그래프　　❷ 그믐날　　❸ 그물코

6 ________ 이 들어오자 바닷가에 있던 사람들이 집으로 돌아갔다.

💡 바닷물이 육지 쪽으로 밀려오는 걸 말해요. 반대말은 썰물이랍니다.

❶ 눈물　　❷ 밀물　　❸ 콧물

지금처럼 달력이 흔하지 않았던 옛날에는 달의 모양을 보고 날짜를 알았다고 해. 달을 기준으로 날짜를 정하는 달력을 태음력, 줄여서 '음력'이라고 한단다. 현재는 해를 기준으로 한 달력인 태양력, 즉 '양력'을 쓰고 있지만 아직도 명절이나 제사는 음력으로 지내지. 요즘엔 음력 달력이 따로 없고, 양력 달력의 날짜 아래에 조그맣게 음력 날짜를 써 놓는단다. 집에 있는 달력에서 찾아보렴.

음력은 달을 기준으로 날짜를 정하는 달력.

[교] 달이 지구 둘레를 한 바퀴 도는 데 걸리는 시간을 한 달로 삼은 달력. 태음력의 줄임말.

[예] 추석은 음력 8월 15일이다.

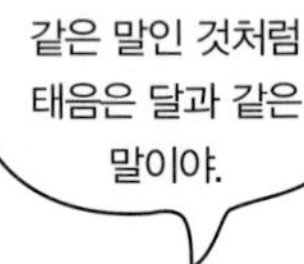

태양과 해가 같은 말인 것처럼 태음은 달과 같은 말이야.

날짜 이야기가 나온 김에 해를 세는 법도 알아보자.
우리나라가 편리를 위해 서양식 달력을 쓰기 시작한 뒤로 해를 셀 때는 예수가 태어난 해가 기준이 되었어.
예수가 탄생한 해 그 이전을 '기원전', 그 이후를 '기원후'라고 한단다.

[낱] 근본【元】으로 삼은 해【紀】보다 앞【前】.

[교] 예수가 태어난 해를 기준으로 그 이전.

[예] 기원전 2333년에 단군이 고조선을 세웠다.

내가 태어난 지도 2000년이 넘었구나!
내가 나라를 세운 지는 4000년이 훌쩍 넘었지!

기원후와 같은 말은 '서기'야. 서양의 방법으로 해를 센다고 서기라고 하지.
한편, 단군이 고조선을 세운 해를 기준으로 해를 세는 것을 '단기'라고 해.

[낱] 서양【西】의 방법으로 해【紀】를 세는 것.

[교] 예수가 태어난 해를 기준으로 하여 해를 세는 것. 기원후와 같은 말.

[예] 서기 2010년은 단기 4343년이야.

쏙쏙 문제

빈칸에 알맞은 낱말을 〈보기〉에서 골라 써 보세요.

〈보기〉 음력, 기원전, 서기

- ❶ ____ 2030년에는 내가 서른 살이 된다.
- 고구려는 ❷ ____ 37년에 건국되었다.
- 내 생일은 양력으로는 3월 5일이고, ❸ ____ 으로는 2월 12일이다.

양력은 지구가 태양 둘레를 한 바퀴 도는 시간을 1년으로 해서 만든 달력이야. 1년을 12달, 365일로 나눈 것이지. 음력은 '초승달'에서 '상현달', 보름달, 하현달, 그믐달을 거쳐 다시 초승달이 되는 기간을 한 달로 정한 달력이야. 음력의 한 달은 29일 또는 30일이야.

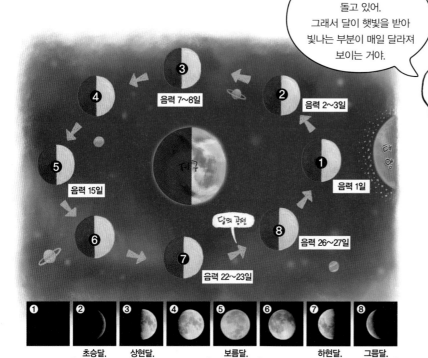

달은 지구 둘레를 돌고 있어. 그래서 달이 햇빛을 받아 빛나는 부분이 매일 달라져 보이는 거야.

태양

지구

달의 공전

❶ 음력 1일

❷ 음력 2~3일

❸ 음력 7~8일

❺ 음력 15일

❽ 음력 26~27일

❼ 음력 22~23일

❶	❷ 초승달.	❸ 상현달.	❹	❺ 보름달.	❻	❼ 하현달.	❽ 그믐달.

❷~❹ 오른쪽이 둥글다. ❻~❽ 왼쪽이 둥글다.

처음 초初

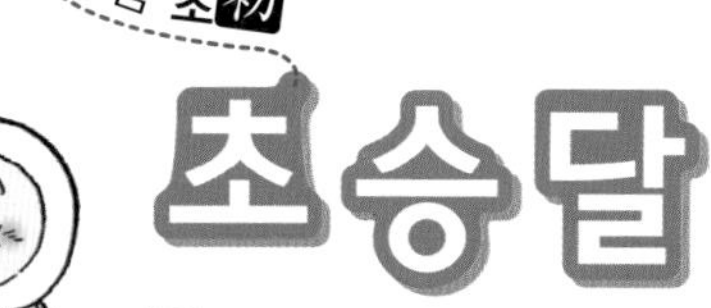

교 음력 초순에 뜨는 가느다란 달.

예 초승달은 꼭 손톱처럼 생겼어.

오를 상上 활시위 현弦

낱 보름달을 향해 차오르는【上】 활시위【弦】를 당긴 활 모양의 반달.

교 음력 7~8일경에 뜨는 오른쪽이 둥근 반달.

예 상현달은 낮 12시에 떠서 밤 12시에 진다.

달을 한자로 쓰면 '월(月)'이야. '월간'은 한 달에 한 번씩 책이나 잡지를 펴내는 거야. 매일 펴내는 것은 '일간', 한 주에 한 번씩 펴내는 것은 '주간'이라고 해.

달 월月

책펴낼 간刊

낱 달【月】마다 책을 펴냄【刊】.

교 한 달에 한 번씩 책이나 잡지를 펴내는 것.

예 우리 엄마는 매달 월간 잡지를 구독하신다.

어린이 월간 잡지.

쏙쏙 문제

빈칸에 알맞은 낱말을 〈보기〉에서 골라 써 보세요.

〈보기〉 초승달, 상현달, 월간

- 우리 엄마 눈썹은 ❶ ______ 모양이에요.
- 내가 좋아하는 ❷ ______ 잡지를 사러 서점에 갔다.
- 반달에는 오른쪽이 둥근 ❸ ______ 과 왼쪽이 둥근 하현달이 있다.

한자의 뜻과 유래에 대한 설명을 읽고, 한자를 익혀 보세요.

陰

준4급

그늘 음

총 11획 | 부수 阝, 8획

옛날 사람들은 구름을 신이 인간에게 말할 때 나오는 입김이라고 생각했대.
신이 언덕【阝】 위에 있는 사람에게 지금【今】 말하니【云】 구름이 만들어졌고, 구름이 해를 가리니 그늘이 생겼단다.

한자 암기카드

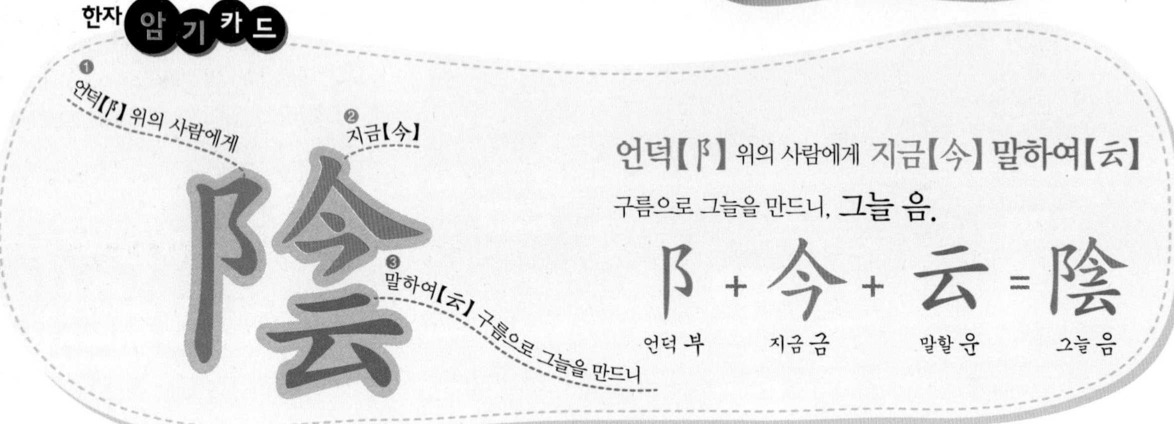

① 언덕【阝】 위의 사람에게
② 지금【今】
③ 말하여【云】 구름으로 그늘을 만드니
陰
언덕【阝】 위의 사람에게 지금【今】 말하여【云】
구름으로 그늘을 만드니, 그늘 음.
阝 + 今 + 云 = 陰
언덕 부
지금 금
말할 운
그늘 음

陽

6급

볕 양

총 12획 | 부수 阝, 9획

언덕【阝】 위를 비추는 햇살【昜】이니, 볕 양(陽). *昜은 '햇살 양'.
언덕【阝】 위에 앉아 있을 때 햇살【昜】이 내리쬐면 볕이 들어 기분이 좋아진단다.
건강을 위해서도 매일 조금씩 햇볕을 쬐어야 해.

볕 양 陽 / 곳 지 地

양지

낱 교 볕【陽】이 잘 드는 곳【地】. 반대말은 음지.
예 양지에 있으면 아주 따뜻한데, 음지에 가니 춥구나.

'한자 암기카드'를 보고 빈칸에 들어갈 말을 써 보세요.

① ______【阝】 위의 사람에게 ② ______【今】 ③ ______【云】 구름으로 그늘을 만드니, 그늘 음(陰).

陰의 뜻은 그늘 이고, 음은 ④ ___ 입니다.

陰의 어원을 생각하면서 필순에 따라 써 보세요.

陰 陰 陰 陰 陰 陰 陰 陰 陰 陰 陰

陰	陰	陰	陰	陰			

1 돌담 안에 든 낱말 가운데 ❶~❸의 뜻에 맞는 낱말을 찾아 ◯로 묶고, 빈칸에 낱말을 쓰세요.

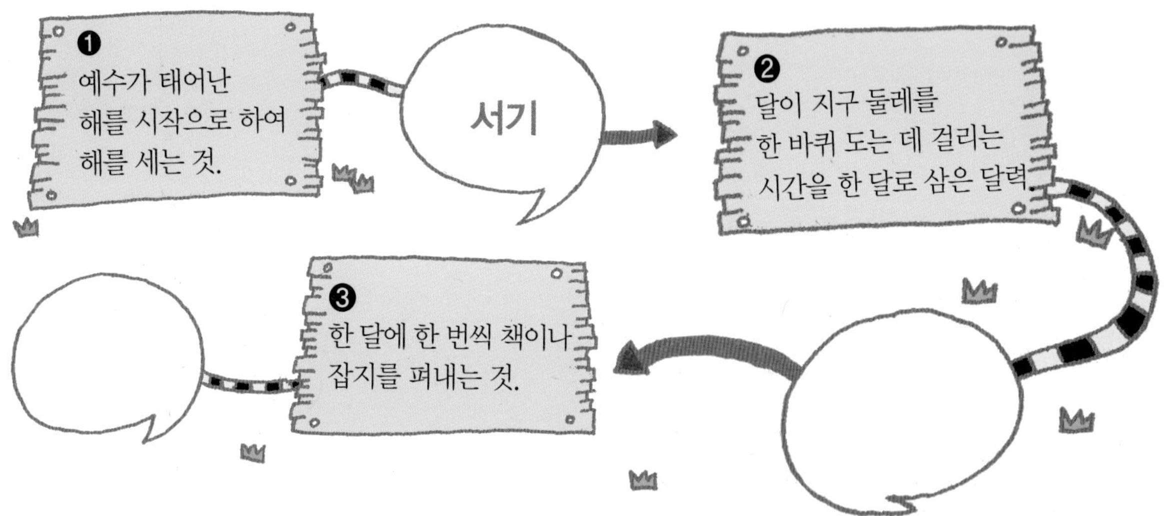

❶ 예수가 태어난 해를 시작으로 하여 해를 세는 것.
서기
❷ 달이 지구 둘레를 한 바퀴 도는 데 걸리는 시간을 한 달로 삼은 달력.
❸ 한 달에 한 번씩 책이나 잡지를 펴내는 것.

나란히 붙어 있는 두 글자로 된 낱말이에요.

2 왼쪽에 음뜻이 주어진 한자를 오른쪽 빈칸에 쓰세요.

구름 속 글자들을 더하면 한자의 모양을 알 수 있어요.

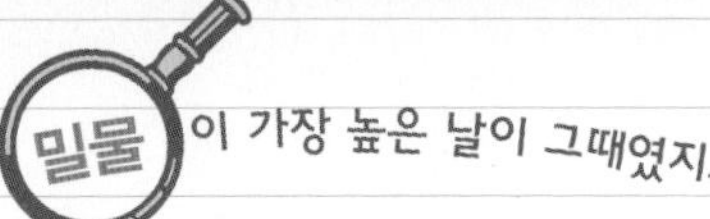

이 가장 높은 날이 그때였지요.

사진은 서해의 이작도에서 바라본 풍경이야.
위쪽 사진은 바닷물이 육지 쪽으로 밀려드는 '밀물' 때 찍은 거야.
바다 위에 아무것도 보이지 않지? 하지만 썰물 때 찍은 아래쪽 사진을 보렴.
바닷물이 밀려 나가자, 바닷속에 가라앉아 있던 거대한 모래섬이 모습을 드러냈어.

밀물과 썰물 때의 이작도 앞 모래섬.

교 하루에 두 번씩 일정한 때에 바닷물이 밀려오는 것. 반대말은 썰물.
예 밀물 때는 바닷물이 밀려와 해수면이 높아진다.

밀물과 썰물을 합쳐서 '조석'이라고 해. 순 우리말로는 '미세기'야.
밀물과 썰물이 하루에 두 번씩 규칙적으로 일어나면서 해수면이 높아졌다 낮아졌다 하는데,
이것을 조석 현상이라고 한단다.

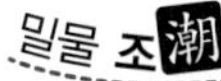

썰물 석 汐

낱 교 밀물【潮】과 썰물【汐】.
예 조석 현상은 달이 지구의 바닷물을 끌어당겨서 생기는 것이다.

밀물 때 바닷물이 들어와 하루 중에서 해수면이 가장 높아진 상태를 '만조',
반대로 바닷물이 빠져나가 해수면이 가장 낮아졌을 때를 '간조'라고 해.

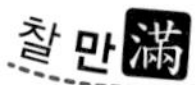

낱 밀물【潮】로 바닷물이 가득 참【滿】.
교 밀물로 바닷물 높이가 가장 높아진 상태. 반대말은 간조(干마를 간 潮밀물 조).
예 만조와 간조는 하루에 두 번씩 있다.

만조와 간조.

빈칸에 알맞은 낱말을 〈보기〉에서 골라 써 보세요.

〈보기〉 밀물, 조석, 만조

- 밀물이 가장 높은 ❶ (　　) 때는 바닷물이 도로를 덮치기도 한다.
- 조개를 캐러 왔는데 하필이면 ❷ (　　) 때여서 썰물 때까지 기다려야만 했다.
- 바닷물이 하루에 두 번씩 들어왔다가 나가는 것을 ❸ (　　) 현상이라고 한다.

바다와 관련된 낱말에는 '바다 해(海)'가 들어간 것이 많단다.

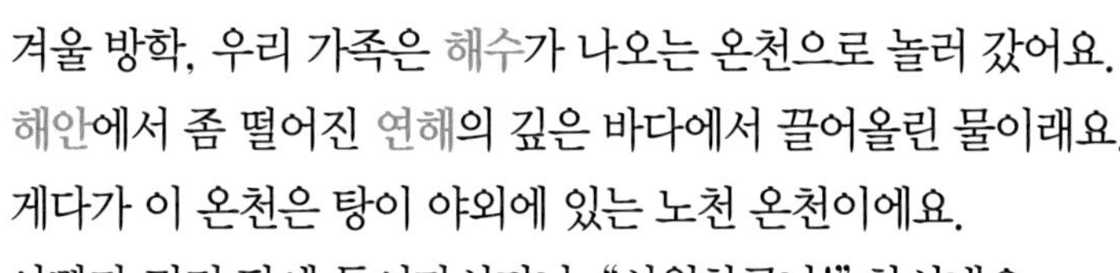

겨울 방학, 우리 가족은 해수가 나오는 온천으로 놀러 갔어요.
해안에서 좀 떨어진 연해의 깊은 바다에서 끌어올린 물이래요.
게다가 이 온천은 탕이 야외에 있는 노천 온천이에요.
아빠가 먼저 탕에 들어가시더니, "시원하구나!" 하시네요.
아빠를 따라 얼른 탕 속으로 들어갔어요. 물속은 뜨거운데,
바다에서 불어오는 해풍이 차가워 정말 시원했어요. 목욕탕에서 시원하다고
하시는 어른 말씀은 믿기 어려웠는데, 우리 아빠 말씀은 정말이었어요.

제 4 일차

바다 해 海 물 수 水

해수

낱 교 바닷물【海水】.

바닷물을 '해수'라고 해.
해수에는 소금이 들어 있어 아주 짜단다.

예 유조선에서 흘러나온 기름이 해수를 오염시켰다.

바다 해 海 기슭 안 岸

해안

낱 바다【海】와 맞닿은 기슭【岸】.

교 바다와 육지가 맞닿은 곳.

'해안'은 바다와 육지가 맞닿은 곳이야.

예 삼면이 바다인 우리나라에는 동해안, 서해안, 남해안이 있지.

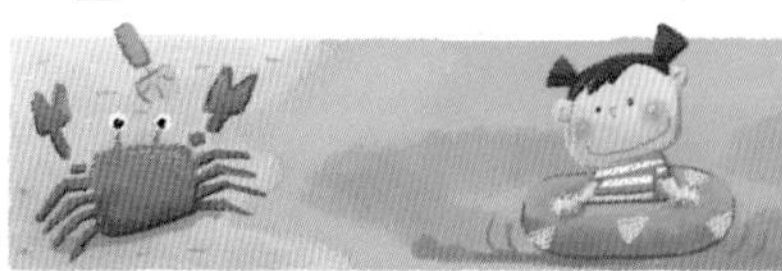

가장자리 연 沿 바다 해 海

연해

낱 육지 가장자리【沿】에 있는 바다【海】.

교 육지에 가까이 있는 바다.

'연해'는 육지 가까이에 있는 바다야.
참치는 먼 바다에서 살고, 명태는 연해에서 살아.

예 숭어는 온대와 열대 지방의 연해에서 산다.

바다 해 海 바람 풍 風

해풍

낱 교 바다【海】에서 육지로 부는 바람【風】.

'해풍'은 바다에서 육지로 부는 바람이야.
육지에서 바다로 부는 바람은 '육풍'이라고 해.

예 해풍이 세차게 몰아치고 있다.

쏙쏙 문제

빈칸에 알맞은 낱말을 〈보기〉에서 골라 써 보세요.

〈보기〉 해수, 연해, 해풍

- ❶ ______ 이 불어오니 참으로 시원하구나!
- 동해와 서해는 우리나라 가까이에 있는 ❷ ______ 란다.
- 강물은 담수라고 하고, 바닷물은 ❸ ______ 라고 해.

한자의 뜻과 유래에 대한 설명을 읽고, 한자를 익혀 보세요.

海 7급

바다 해

총 10획 | 부수 氵, 7획

비가 오랫동안 내리지 않으면 강물이 다 말라 바닥을 드러내기도 해.
하지만 바다에는 물【氵】이 항상【每】 있단다.
지구에 있는 물 가운데 97퍼센트가 바닷물이야.

한자 암기카드

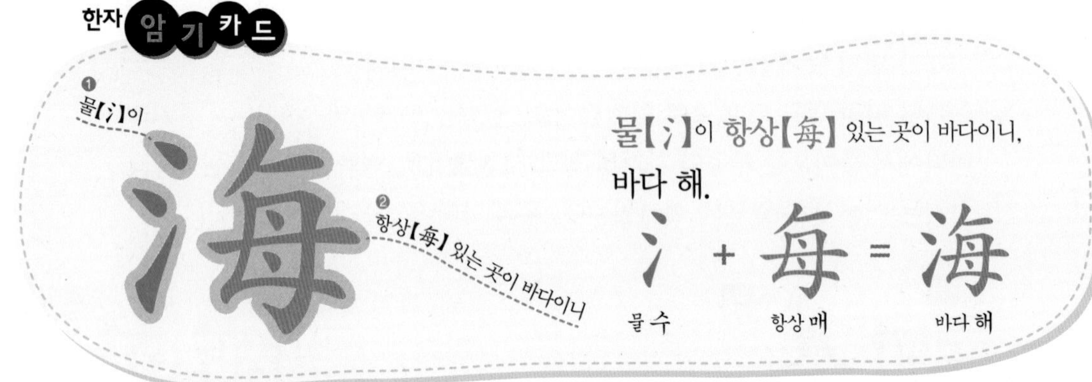

❶ 물【氵】이
❷ 항상【每】 있는 곳이 바다이니
물【氵】이 항상【每】 있는 곳이 바다이니,
바다 해.
氵 + 每 = 海
물 수
항상 매
바다 해

❶ 氵는 '물 수(水)'가 글자 안에서 왼쪽에 쓰일 때의 모양.

컴퓨터나 인터넷이 없는 세상을 상상하기 힘들지?
하지만 20~30년 전만 해도 컴퓨터가 있는 집이 거의 없었단다.
이처럼 세상이 몰라볼 정도로 바뀌는 걸 '상전벽해'라고 해.
뽕나무 밭이 변하여 푸른 바다가 될 정도로 엄청난 변화가 있다는 뜻이야.

타임머신이 발명되다니, 세상이 상전벽해와 같이 변하는구나.
뽕나무 상桑

낱 뽕나무【桑】 밭【田】이 변하여 푸른【碧】 바다【海】가 됨.
교 세상이 몰라볼 정도로 바뀐 것.
예 세상이 상전벽해 되어도 내 마음은 영원히 변하지 않아.

'한자 암기카드'를 보고 빈칸에 들어갈 말을 써 보세요.

❶ ( )【氵】이 ❷ ( )【每】 있는 곳이 바다이니, 바다 해(海).

海의 뜻은 바다이고, 음은 ❸ ( ) 입니다.

海의 어원을 생각하면서 필순에 따라 써 보세요.

海 海 海 海 海 海 海 海 海 海							
海	海	海	海	海			

다지기

1 의 뜻에 알맞은 낱말을 찾고 길을 따라가 만나는 친구에게 ◯표 하세요.

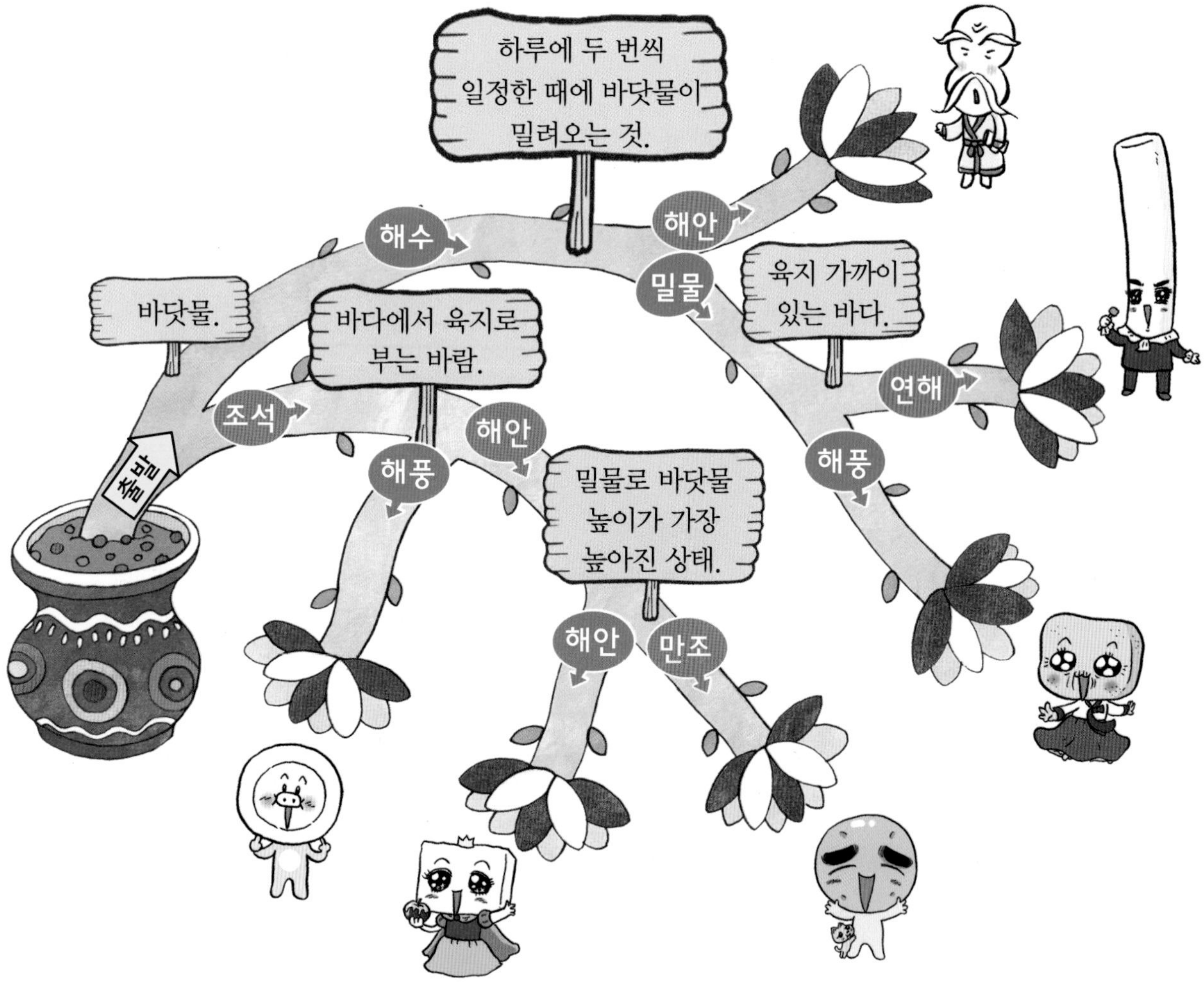

출발

하루에 두 번씩 일정한 때에 바닷물이 밀려오는 것.

바닷물.

바다에서 육지로 부는 바람.

육지 가까이 있는 바다.

밀물로 바닷물 높이가 가장 높아진 상태.

해수

해안

밀물

조석

해안

해풍

연해

해풍

해안

만조

2 꽃에 쓰인 뜻에 맞는 한자를 찾아 ◯표 하세요.

5월 16일 토요일

내가 하는 일은
하루에 딱 두 번
원을 그리며 도는
거야. 난 누굴까?

학교 끝나고 집에 오는 길에 은우네 집에 잠깐 들렸다('들렀다'라고 써야 해.). 은우네 집은 창덕궁 바로 옆에 있다. 그래서 집에서 창덕궁 숲이 다 보였다. 짱('정말'이 바른 표현이야.) 신기했다. 은우랑 수수께끼를 내고 서로 답을 맞추며('맞히며'가 맞아.) 놀았다. 잘 모르는 문제는 서로 가리켜('가르쳐'로 쓰렴.) 주었다.

*이 글은 초등학교 3학년 어린이가 쓴 일기입니다.

친구 집에 '들르고', 소리는 '들리고'

집에 가는 길에 잠깐 친구 집에 들어갔다면
'들리다'가 아니라 '들르다'라고 써야 해.
'들리다'는 '귀로 소리를 느낀다'는 뜻이지.
'들르다'는 '들러', '들렀다'로 쓰이고, '들리다'는
'들려', '들렸다'로 쓰이니까 잘 구별해야 한단다.

안녕,
잠깐 들렀어~

들르다

- 지나는 길에 잠깐 들어가 머무르다.
  - 예 집에 오는 길에 친구 집에 들렀다.

들리다

- 귀로 소리를 느끼다.
  - 예 어디서 음악 소리가 들렸다.

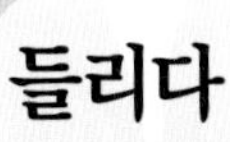

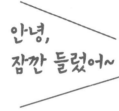

음악이 들리는 곳에
가면 기분이 좋아~

1 마법의 나무에 글자 과일이 주렁주렁 열렸어요. 아래 문장 속 빈칸에 들어갈 낱말을 글자 과일에서 찾아 바른 순서대로 쓰세요.

표 계 통 출 표 연

❶ 초등학생들이 한 해에 몇 권의 책을 읽는지 (   ) 를 내었다.

❷ 그는 자신의 감정을 (   ) 하지 않고는 못 견디는 사람이다.

❸ 조선 시대 역사를 (   ) 로 만들었어.

2 〈보기〉에 맞는 한자를 음식에서 찾아 ◯표 하세요.

陰 人 雪 上

〈보기〉
언덕 위의 사람에게 지금 말하여
구름으로 그늘을 만드니, 그늘 음.

3 아래 문장의 빈칸에 들어갈 낱말을 우산에서 찾아 쓰세요.

❶ 추석은 ( ) 8월 15일이다.
❷ ( ) 때는 바닷물이 도로를 덮치기도 했어.
❸ 부산, 인천, 목포는 ( ) 지방에 있는 도시야.
❹ 그는 남이 바둑 둘 때 ( ) 두는 것을 아주 좋아해.
만조
해안
음력
훈수

4 ( )에 쓰인 뜻에 맞는 한자를 사탕에서 찾아 색칠하세요.

평가 문제

1. <보기>에서 설명하는 '나'는 누구인지 세 글자로 쓰세요.

<보기> 나는 한글 글씨체 가운데 하나입니다. <훈민정음>에 쓰인 글자에 바탕을 둔 글씨체이지요. 글자의 전체적인 모양이 사각형이고 획의 굵기가 일정한 것이 나의 특징입니다.

( )

2~4 다음 글을 읽고 물음에 답하세요.

옛날에는 학교 대신 서당에 다녔어요. 서당에서 (㉠) 선생님께 한문을 배웠지요. 한문은 우리글이 아니어서 배우기가 참 어려웠어요. 그리고 모든 사람이 서당에서 교육을 받을 수는 없었기 때문에 한문을 모르는 사람도 많았답니다.
글 모르는 백성들의 서러움을 헤아린 세종대왕은 누구나 쉽게 배울 수 있는 우리글을 만들기로 마음먹었어요. 그래서 만들어진 것이 한글입니다. 한글이 처음 만들어질 당시에는 (㉡)이라고 불렸습니다.

2. ㉠에 들어갈 알맞은 낱말을 고르세요. ( )

❶ 도표 ❷ 훈계 ❸ 훈장 ❹ 훈수 ❺ 표피

3. ㉡에 들어갈 말로, '백성을 가르치는 바른 소리'라는 뜻을 가진 네 글자의 한자어를 쓰세요.

( )

4. ㉠과 ㉡에 공통으로 들어가는 한자를 <보기>를 참고하여 고르세요. ( )

<보기> 말씀으로 냇물이 위에서 아래로 흐르듯이 가르치니, 가르칠 훈.

❶ 訓 ❷ 表 ❸ 陰 ❹ 川 ❺ 陽

5. 다음 중 맞는 설명은 ○표, 틀린 설명은 X표 하세요.

(1) 밀물은 하루에 두 번씩 일정한 때에 바닷물이 밀려 나가는 것이다. ( )
(2) 조석은 밀물과 썰물을 합쳐 부르는 말로, 우리말로는 미세기라고 한다. ( )
(3) 만조는 밀물로 바닷물이 가장 높아진 상태이며, 반대말은 간조이다. ( )

6. 빈칸에 들어갈 낱말을 찾아 바르게 이으세요.

(1) 지역별로 인구가 몇 명이나 되는지 ( )를 냈다. •		• 통계
(2) 탐정은 집집마다 다니며 사고의 원인을 ( )했다. •		• 표출
(3) 때로는 감정을 ( )하기도 해야지 그렇게 억누르고만 있어선 안 돼! •		• 조사

7~9 다음 글을 읽고 물음에 답하세요.

> 나는 월간으로 발행되는 과학 잡지를 구독하고 있어. 8월에는 달에 대한 내용이 잡지에 실렸어. 매일 모양이 바뀌는 달은 참 신기해. 가느다란 손톱 모양의 초승달에서 (㉠)을 거쳐 쟁반 같은 보름달이 되었다가 다시 크기가 줄어들지. 초승달이 다시 초승달이 될 때까지의 기간을 한 달로 정한 달력을 ㉡**음력**이라고 해.

7. ㉠에 들어갈 말로, 〈보기〉의 뜻을 가진 사진 속의 달 이름을 쓰세요.

〈보기〉 음력 7일이나 8일에 뜨는 오른쪽이 둥근 반달.

( )

8. ㉡에 대한 설명으로 틀린 것을 고르세요. ( )

❶ 요즘도 명절이나 제사는 음력으로 지낸다.
❷ 해를 기준으로 한 달력이다.
❸ 달력이 귀했던 옛날에는 달의 모양으로 날짜를 알 수 있었던 음력이 아주 유용했다.
❹ 양력 달력의 날짜 아래에 조그만 글씨로 적혀 있는 것이 음력 날짜이다.
❺ 음력의 한 달은 29일 혹은 30일이다.

9. '한 달에 한 번씩 책이나 잡지를 펴내는 것'이란 뜻의 낱말을 위 글에서 찾아 두 글자로 쓰세요.

( )

10. 밑줄 친 낱말 중 '바다 해(海)'가 쓰이지 않은 것을 고르세요. ( )

❶ 동남아시아의 **해수** 온도는 우리나라보다 훨씬 높다.
❷ 이번 여름에는 남**해안**으로 피서를 갈 계획이다.
❸ 바다에서 불어오는 **해풍**을 맞으며 바닷가를 거닐었다.
❹ 숭어는 열대와 온대 지방의 **연해**에 서식한다.
❺ 바퀴벌레와 모기는 **해충**이다.

사이클을 타는 사람은 사이클리스트!

단어 뒤에 **-er** 또는 **-or**를 붙이면 '~하는 사람'이라는 뜻이 된단다.
그림을 그리는[paint] 사람은 화가[painter]이고
가르치는[teach] 사람은 선생님[teacher]이야.
또 연기하는[act] 사람은 배우[actor],
번역하는[translate] 사람은 번역가[translator]란다.
그런데 똑같이 '~하는 사람'이라는 뜻이지만
-er나 **-or** 대신 단어 뒤에 **-ist**가 붙는 경우도 있어.

cycle 자전거 + **-ist** ~하는 사람 → **cyclist** 자전거 타는 사람

자전거cycle에 **-ist**를 붙이면 자전거를 타는 사람인 사이클리스트cyclist가 된단다.
또 어떤 단어들이 있을까?
피아노piano에 **-ist**를 붙이면 피아노를 치는 사람인 피아니스트pianist가 된단다.
과학을 연구하는 사람인 과학자scientist는 과학science에 **-ist**를 붙여 만들면 돼.
어때, 어렵지 않지?
그럼 **-ist**가 붙은 말을 좀 더 알아볼까?

novel**ist**

커서 소설가novelist가 되는 것이 꿈인 친구들이 있을 거야. 소설novel에 **-ist**를 붙이면 '소설가novelist'가 된단다.

biolog**ist**

생물학biology을 연구하는 사람은 생물학자biologist야. 곤충을 연구했던 파브르도 유명한 '생물학자biologist'란다.

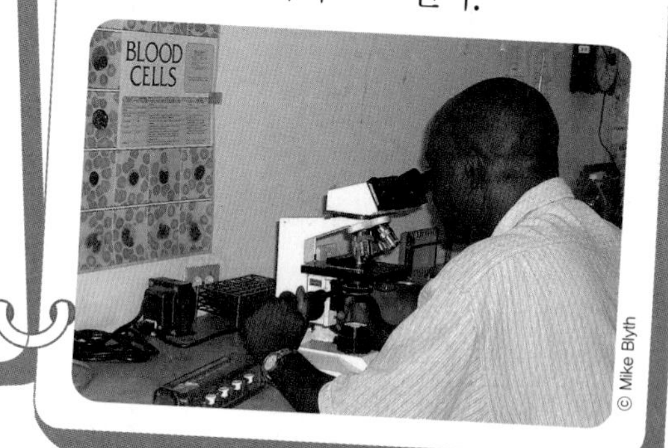

© Mike Blyth

violin**ist**

피아노piano를 치는 사람이 피아니스트pianist였던 것처럼, 바이올린violin을 켜는 사람은 '바이올리니스트violinist'야.

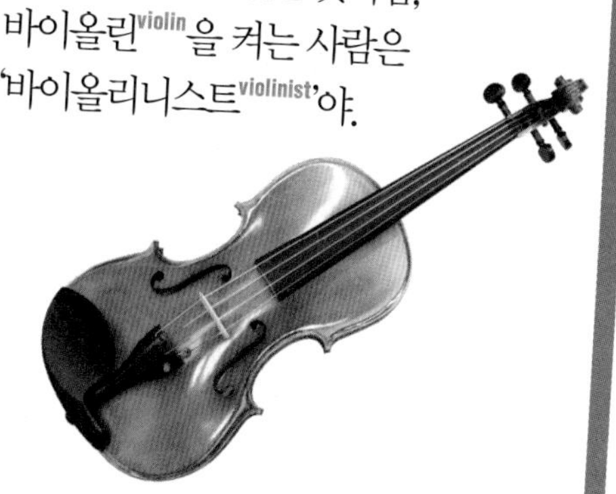

art**ist**

멋진 예술 작품을 만들어 내는 '예술가artist'는 예술art에 **-ist**를 붙여서 만들어진 단어야.

콕콕 정답

제1일차

05쪽 1. 제격 2. 판본체 3. 통계
4. 가만히 5. 존재 6. 자격
06쪽 ❶ 훈민정음 ❷ 판본체
07쪽 ❶ 훈계 ❷ 훈수 ❸ 훈장
08쪽 ❶ 말씀 ❷ 냇물 ❸ 훈

09쪽

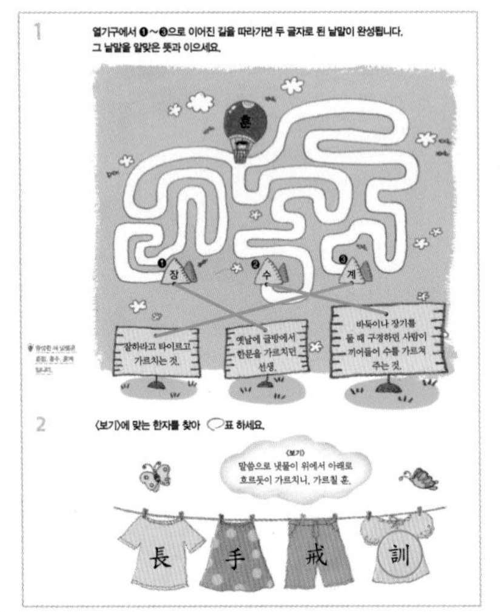

제2일차

10쪽 ❶ 조사 ❷ 통계 ❸ 도표
11쪽 ❶ 연표 ❷ 표피 ❸ 표출
12쪽 ❶ 털 ❷ 옷 ❸ 표

13쪽

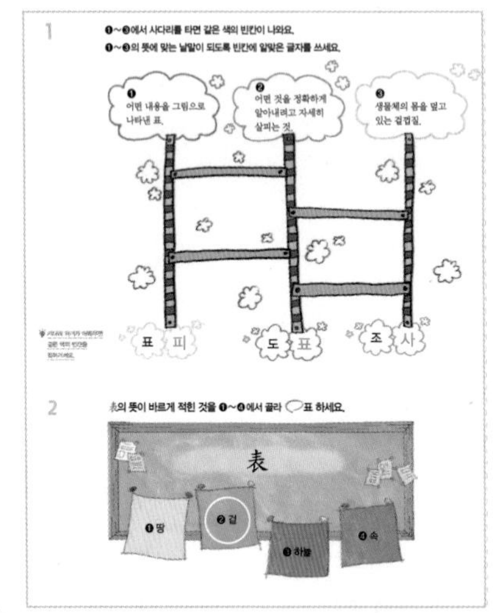

제3일차

17쪽 1. 연인 2. 상사병 3. 시름
4. 음력 5. 그믐날 6. 밀물
18쪽 ❶ 서기 ❷ 기원전 ❸ 음력
19쪽 ❶ 초승달 ❷ 월간 ❸ 상현달
20쪽 ❶ 언덕 ❷ 지금 ❸ 말하여 ❹ 음

21쪽

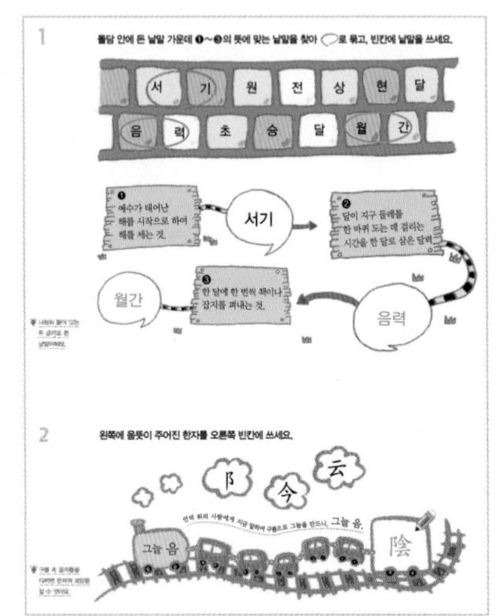

제4일차

22쪽 ❶ 만조 ❷ 밀물 ❸ 조석
23쪽 ❶ 해풍 ❷ 연해 ❸ 해수
24쪽 ❶ 물 ❷ 항상 ❸ 해

25쪽

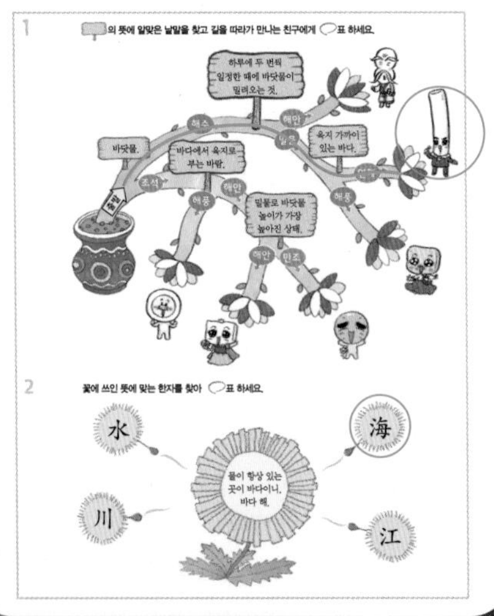

제5일차

도전! 어휘왕
28-29쪽

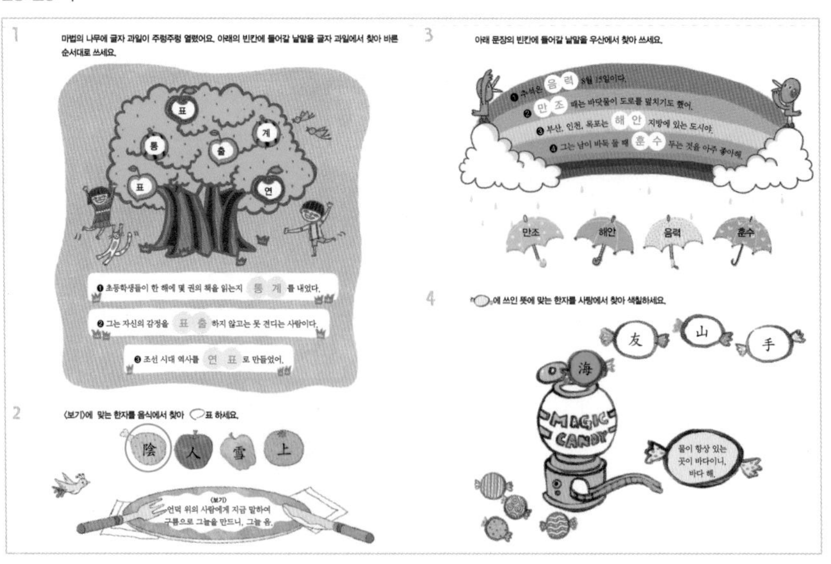

평가 문제
30-31쪽 1. 판본체 2. ❸ 3. 훈민정음 4. ❶ 5. (1) X (2) ○ (3) ○
6. (1) 통계 (2) 조사 (3) 표출 7. 상현달 8. ❷ 9. 월간 10. ❺

음식에 관한 속담

예로부터 금강산은 경치가 그만인 곳이라고 해.
그런데 그 멋진 금강산 구경보다 먼저 할 일이 있대.
그게 뭐냐고? 그야 바로 먹는 일이지!
음식에 관한 속담을 보면 먹는 것보다 중한 일은 없는 듯해.

곶감 꼬치에서 곶감 빼 먹듯
애써 알뜰히 모아 둔 재산을 조금씩 조금씩 꺼내 써 없앤다는 뜻의 속담이야.

금강산도 식후경
아무리 재미있는 일이라도 배가 불러야 흥이 나지 배가 고파서는 아무 일도 할 수 없음을 이르는 말이란다.

남의 떡에 설 쇤다
남의 덕택으로 거저 이익을 보게 되었을 때 쓰는 속담이야.

냉수 먹고 이 쑤시기
잘 먹은 체하며 이를 쑤신다는 뜻으로, 실속은 없으면서 무엇이 있는 체하는 것을 이르는 말이지.

두부 먹다가 이 빠진다
연한 두부를 먹다가 이가 빠졌다니 참 뜻밖이지? 전혀 그렇게 될 리 없음에도 일이 안 되거나 꼬이는 경우에 쓰는 속담이란다. 쉽게 생각했던 일이 예상보다 어려워 힘이 많이 들거나 실패한 경우에도 쓰이지.

둘이 먹다 하나가 죽어도 모르겠다
음식이 아주 맛있음을 이르는 속담이야.

떡 줄 사람은 꿈도 안 꾸는데 김칫국부터 마신다
해 줄 사람은 생각지도 않는데 미리부터 다 된 일로 알고 행동한다는 말이지.

못 먹는 감 찔러나 본다
제 것으로 만들지 못할 바에야 남도 갖지 못하도록 못 쓰게 만들자는 뒤틀린 마음을 이르는 말이란다.

시장이 반찬
배가 고프면 반찬이 없어도 밥이 맛있음을 비유적으로 이르는 말. 여기서 '시장'은 '배가 고픔'이라는 뜻이지.

죽 쑤어 개 좋은 일 하였다
애써 한 일을 남에게 빼앗기거나, 엉뚱한 사람에게 이로운 일을 한 결과가 되었음을 이르는 속담이란다.

마법의 상위권 어휘 스스로 평가표

01

다음 중 뜻을 자신 있게 말할 수 있는 낱말은 ○표, 알쏭달쏭한 낱말은 △표, 자신 없는 낱말은 ×표 하세요.

판본체 (　　) | 통계 (　　) | 음력 (　　) | 밀물 (　　)

02

다음 중 뜻과 음을 자신 있게 말할 수 있는 한자는 ○표, 알쏭달쏭한 한자는 △표, 자신 없는 한자는 ×표 하세요.

訓 (　　) | 表 (　　) | 陰 (　　) | 海 (　　)

03

〈평가 문제〉를 모두 풀고 정답을 확인해 보세요. 10문항 중 내가 맞힌 문항 수는 몇 개인가요?

❶ 9-10문항 (　　) | ❷ 7-8문항 (　　) | ❸ 5-6문항 (　　) | ❹ 3-4문항 (　　) | ❺ 1-2문항 (　　)

| 부모님과 선생님께 |

위에서 어린이가 스스로 적은 내용을 보고, 어린이가 어려워하는 부분을 함께 보면서 어휘의 뜻과 쓰임을 이해할 수 있도록 해 주세요.